漢字の広場 3年生で習った漢字

JN059271

答え115ページ

月 日

❶ 漢字の読みがなを書きましょう。
16点(1つ2)

① 放送局へ行く。（　　　）

② ゆっくり味わう。（　　）

③ お礼を言う。（　　）

④ 行列にならぶ。（　　）

⑤ 家族で出かける。（　　）

⑥ 本を受け取る。（　　）

⑦ 坂道を上がる。（　　）

⑧ コップに注ぐ。（　　）

❷ あてはまる漢字を書きましょう。
32点(1つ4)

① 〔えき〕まで歩く。

② 夏〔まつ〕りを楽しむ。

③ 箱を〔あ〕ける。

④ 〔てっ きょう〕をわたる。

⑤ 〔びょう いん〕に配る。

⑥ 〔こう ふく〕がおとずれる。

⑦ 〔びょう いん〕に行く。

⑧ 〔おん ど〕を調べる。

❸ 漢字の読みがなを書きましょう。
20点(1つ2)

① 実物と見くらべる。（　　　　）

② 友だちに相談する。（　　　　）

③ 姉が勉強をする。（　　　　）

④ 運動会が終わる。（　　　　）

⑤ 世界地図を見る。（　　　　）

⑥ 洋服をたたむ。（　　　　）

⑦ 負けずに走る。（　　　　）

⑧ 先生が指名する。（　　　　）

⑨ さるが木に登る。（　　　　）

⑩ 作品をならべる。（　　　　）

❹ あてはまる漢字を書きましょう。
32点(1つ4)

① ごみを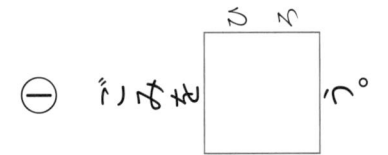（ひろ）う。

② 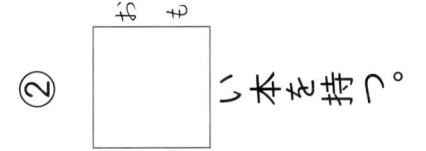（おも）い本を持つ。

③ 部屋を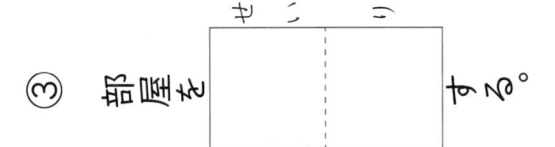（せいり）する。

④ 時間を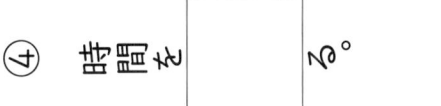（まも）る。

⑤ 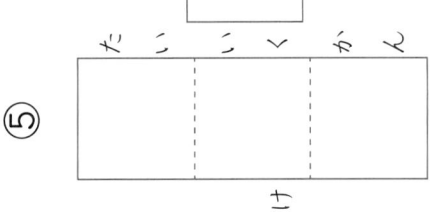（だいいくかん）

⑥ 明かりを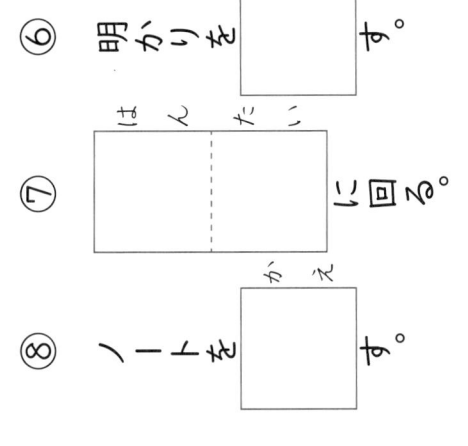（けす）。

⑦ 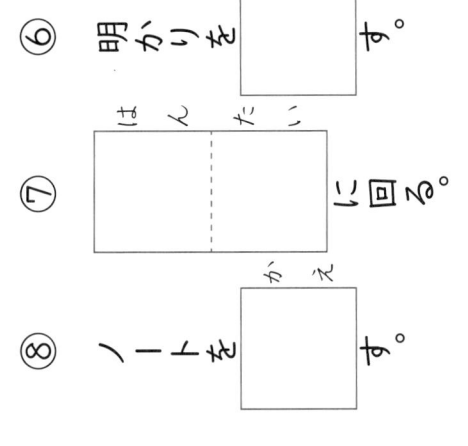（はんたい）に回る。

⑧ ノートを（かえ）す。

3

きほんドリル6　かん字「2」　１・２のぼうし（1）

時間 15分　ごうかく80点　／100　サクッとこたえあわせ　答え 115ページ

月　日

✏️ 書いておぼえよう！

□教22ページ　信　シン　長めに
9画
信じる　自信　信用　信号

□教23ページ　達　タツ　とめる
12画
発達　達成　配達　速達

□教24ページ　飛　ヒ　とぶ　とばす　上にはねる
9画
飛行機　風船を飛ばす

□教26ページ　席　セキ　はねる
10画
運転席　欠席　客席

□教26ページ　建　ケン　たてる　少し長く
9画
建設　建物　家が建つ

1 読みがなを書きましょう。

28点(1つ4)

① 信号 が赤になる。

② 速達 で送る。

③ 新聞を 配達 する。

④ ちょうが 飛 ぶ。

⑤ 運転席 にすわる。

⑥ 四角い 建物。

⑦ 家を 建 てる。

教科書 ⊕21〜34ページ

↓ つぎのページにつづくよ！

3

❷ あてはまる漢字を書きましょう。　72点(1つ9)

① 先生が言うことを　［しんよう］　する。

② 手紙が　［はいたつ］　される。

③ ［ひこう］　機が、雲の中に入った。

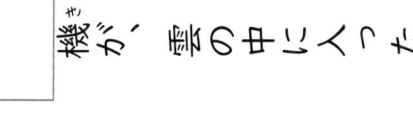

「達」の「幸」を「幸」と書かないようにね。

④ 小鳥がやっと　［と］　うつしことができた。

⑤ ［きゃくせき］　がいっぱいになるように、人を集めよう。

⑥ 欠［けっ］　した人にプリントをとどける。

⑦ ビルの　［けん］　設工事が終わった。

⑧ 大きなやしきを　［た］　てる。

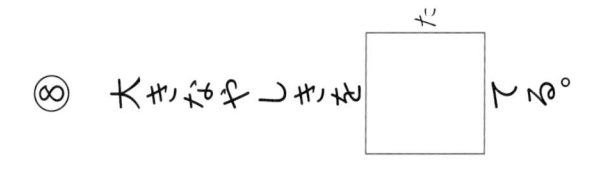

時間 15分　ごうかく80点　／100　答え 115ページ

月　日

書いておぼえよう！

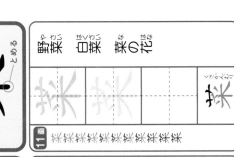

□教27ページ　サイ（な）とめる　野菜　白菜　菜の花　11画

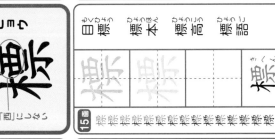

□教32ページ　ヒョウ　目標　標本　標高　標語　15画

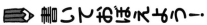
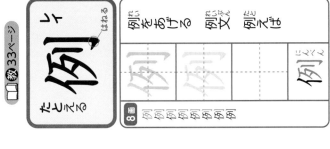

□教33ページ　レイ（たとえる）はねる　例をあげる　例文　例えば　8画

読んでおぼえよう！

●…とくべつな読み方をする漢字

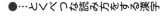

●教33ページ　友達（ともだち）

1 読みがなを書きましょう。

28点（1つ4）

① 菜 の花をつむ。

② 野菜 を買う。

③ 目標 を立てる。

④ 植物の 標本 を見る。

⑤ 答えの書き方の 例。

⑥ 例 えば どんなことですか。

⑦ 友達 と遊ぶ。

❷ あてはまる漢字を書きましょう。 72点(1つ9)

①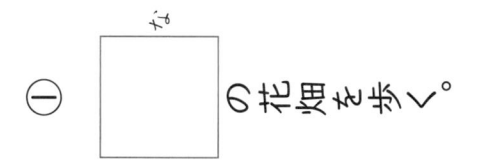
（な）□ の花畑を歩く。

② 花だんに、（おお・な）□□ を植える。

③ スーパーで、（は・く・さ・い）□□ を買う。

④ 交通安全の（ひょう・ご）□□ を考える。

⑤ 山の（ひょう・こう）□□ を調べる。

⑥ 手紙を書く前に（れい・ぶん）□□ をよく読む。

⑦ （た・と）□ えば、どうすればボールを遠くに投げられるかを考える。

⑧ （と・も・だ・ち）□□ で、学校に行く。

7

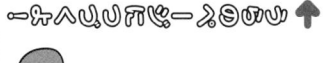

きほんのドリル
➡ 4.
（1）
図書館の達人になろう

時間 15分
ごうかく80点 ／100
答え 115ページ

月　日

書いておぼえよう！

□教36ページ
司　シ　はねる　5画
司会（しかい）
上司（じょうし）
司令官（しれいかん）
司書（ししょ）

□教36ページ
械　カイ　上にはねる　11画
機械（きかい）
器械体操（きかいたいそう）

□教36ページ
機　キ　上にはねる　16画
飛行機（ひこうき）
機械（きかい）
機会（きかい）

□教36ページ
類　ルイ・たぐい　とめる　18画
分類（ぶんるい）
種類（しゅるい）
魚の類い（さかなのたぐい）

□教36ページ
法　ホウ　長く　8画
方法（ほうほう）
手法（しゅほう）
文法（ぶんぽう）
用法（ようほう）

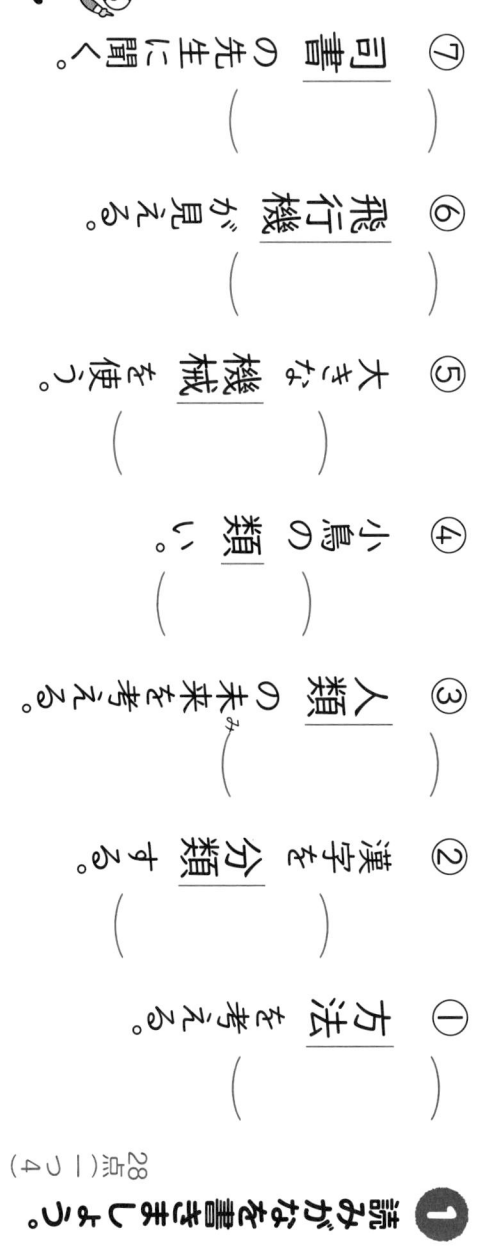

「機」と「械」の「戒」はしっかりと入れましょう。

1 読みがなを書きましょう。 28点（1つ4）

① 方法を考える。（　　）

② 漢字を分類する。（　　）

③ 人類の未来を考える。（　　）

④ 小鳥の類い。（　　）

⑤ 大きな機械を使う。（　　）

⑥ 飛行機が見える。（　　）

⑦ 司書の先生に聞く。（　　）

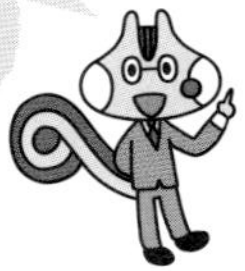

❷ あてはまる漢字を書きましょう。 72点(1つ9)

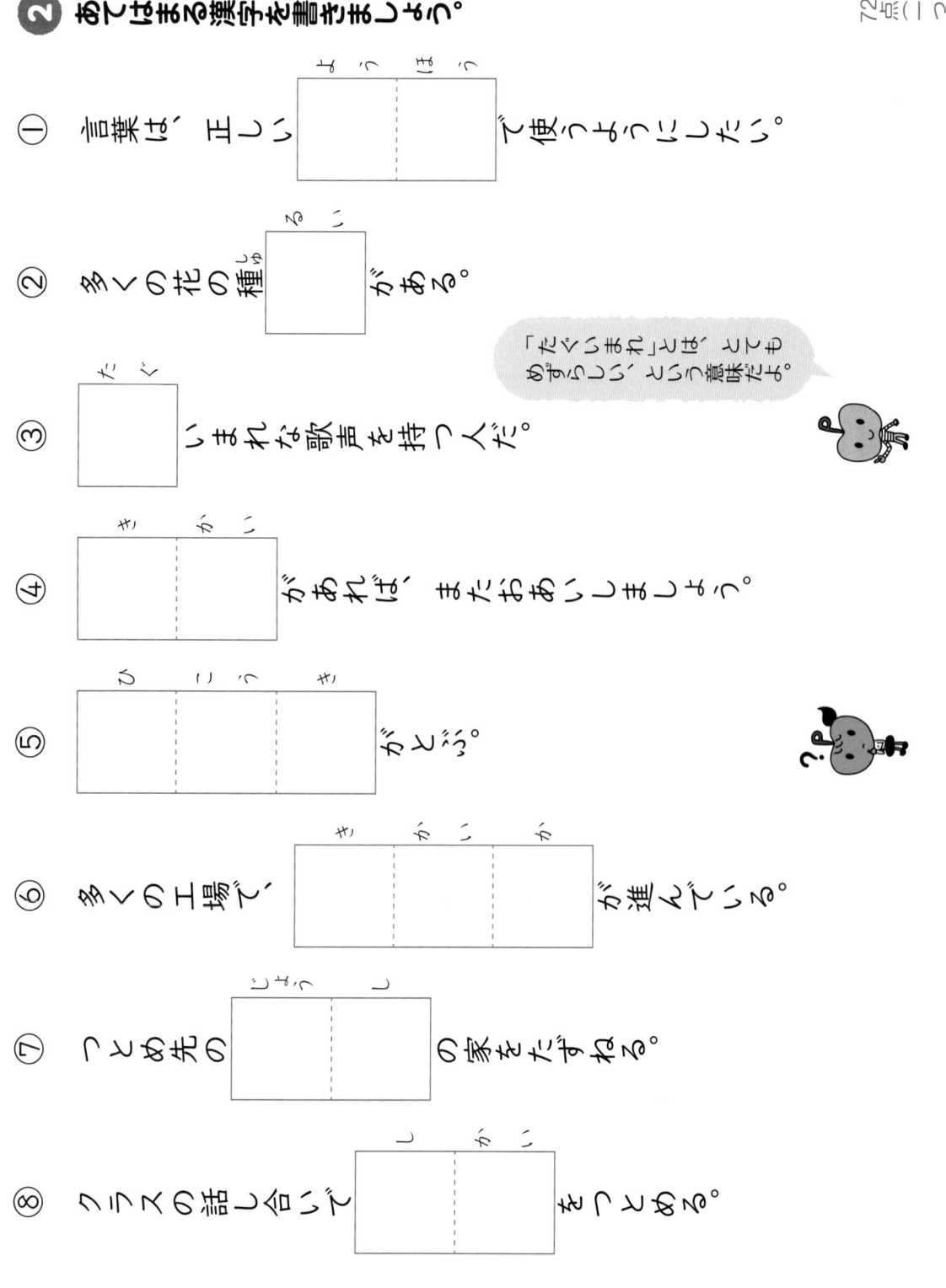

① 言葉は、正しい〔ほうほう〕で使うようにしたい。

② 多くの花の種〔るい〕がある。

「たぐいまれ」とは、とてもめずらしい、という意味だよ。

③ 〔たぐ〕いまれな歌声を持つ人だ。

④ 〔きかい〕があれば、またおあいしましょう。

⑤ 〔ひこうき〕がとぶ。

⑥ 多くの工場で〔きかいか〕が進んでいる。

⑦ つとめ先の〔じょうし〕の家をたずねる。

⑧ クラスの話し合いで〔しかい〕をつとめる。

きほんドリル 6 →5

図書館の達人になろう 漢字辞典を使おう（1）（2）

時間 15分　ごうかく80点　／100
答え 115ページ

月　日

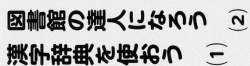

✏️ 書いておぼえよう！

読み	用例	練習	画数
テン 長め （教36ページ） **典**	国語辞典　百科事典　古典	典　典　　　　典は	8画　典典典典典
ジュン シュン 一番長く （教36ページ） **順**	順に書く　順番　順調	順　順　　　順おう	12画　順順順順順順順順
ロク 出ない （教37ページ） **録**	記録　録音　録画　付録	録　録　　録かねへん	16画　録録録録録録録録録
ジ 下より長く （教38ページ） **辞**	漢和辞典　辞書　式辞	辞　辞　　辞からい	13画　辞辞辞辞辞辞辞辞辞辞
セイ なす 上にはねる （教38ページ） **成**	成功　完成　成り立ち	成　成　　成ほこづくり	6画　成成成成成

👀 読んでおぼえよう！

●…読み方が新しい漢字　＝…送りがな

（教36ページ）記 しるす	（教38ページ）画 カク

❶ 読みがなを書きましょう。

20点（一つ4）

① 引用文の 出典 を調べる。

② 順 にならべる。

③ 記録係 になる。

④ 漢和 辞典 を使う。

⑤ 漢字の 成 り立ち。

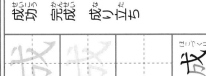

↓つぎのページにつづくよ！

9

2 あてはまる漢字を書きましょう。　80点(1つ10)

① 二つの百科［じ｜てん］の説明を読みくらべる。

② ならんで自分の［じゅん｜ばん］が来るのを待つ。

③ 大切なことをノートに書き［しる］す。

④ クラスで歌った歌を［ろく｜おん］する。

⑤ 本屋へ行って［じ｜しょ］を買う。

一画ずつていねいに書きましょう。

⑥ 漢字の［な］りたちについて学ぶ。

⑦ 商品の取り引きが［せい｜りつ］する。

⑧ 「弓」という字の［かく｜すう］は四だ。

ヒント **2** ⑥「なる」⑦「せい」の六画目をわすれないようにしましょう。

きほんの
ドリル →6 漢字辞典を使おう (2)

時間 15分
ごうかく80点 /100
サクッと こたえ あわせ
答え 115ページ
月 日

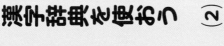

✎ 書いておぼえよう！

訓 ク
教38ページ
はらう
10画

訓練 くんれん	訓読み くんよみ	音訓 おんくん
訓	訓	訓

訓 訓 訓 訓 訓 訓 訓 訓 訓 訓

印 イン
教39ページ
しるし
はねる
6画

目印 めじるし	消印 けしいん	印象 いんしょう
印	印	印

印 印 印 印 印

静 セイ
教41ページ
しず・しずか
しずまる・しずめる
はねる
14画

静かな部屋 しずかなへや	安静 あんせい	静止 せいし
静	静	静

静 静 静 静 静 静 静 静 静 静 静 静 静 静

愛 アイ
教41ページ
「又」ではない
13画

人を愛する ひとをあいする	愛用 あいよう	愛読書 あいどくしょ
愛	愛	愛

愛 愛 愛 愛 愛 愛 愛 愛 愛 愛 愛 愛 愛

👀 読んでおぼえよう！

●…読み方が新しい漢字

教39ページ 首 シュ くび	教41ページ 西 サイ にし
教41ページ 南 ナン みなみ	教41ページ 北 ホク きた
教41ページ 社 シャ やしろ	

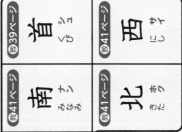
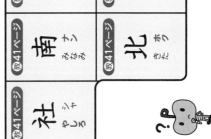

❶ 読みがなを書きましょう。
20点(1つ4)

① 漢字の 訓 読み。
（　　　　）

② 印 を 消す。
（　　　　）

③ 消印 をおす。
（　　　　）

④ 静 かに 読む。
（　　　　）

⑤ 父の 愛読書。

うらのページにつづくよ！

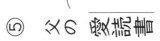

❷ あてはまる漢字を書きましょう。

80点（一つ8）

① □（くん）読みは、日本でできた漢字の読み方です。

② 船は□□（なんか）しますか。□□（ほくじょう）しますか。

③ □（しず）かなお□（やしろ）に鳥の鳴き声がひびく。

④ □□（めじるし）にしている木がある。

⑤ □□（とうざい）の文化のちがい。

⑥ 家で□□（あんせい）にしている。

⑦ 日本の□□（しゅと）について調べる。

⑧ わが家（や）の□（あい）らしい犬を友達に見せる。

「やしろ」は、神様をまつってあるたてもののことだね。

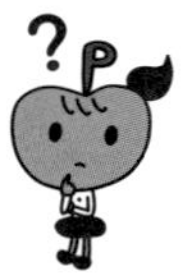

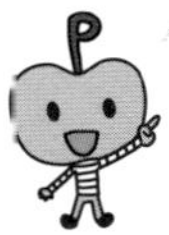

ヒント ❷ ⑧「あい」の十一～十三画目を「又」と書かないように注意しましょう。

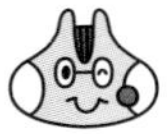

きほんのドリル ＞7

漢字辞典を使おう (3)
春の楽しみ

時間 15分
ごうかく80点
／100

サッとこたえあわせ

答え 115ページ

月　日

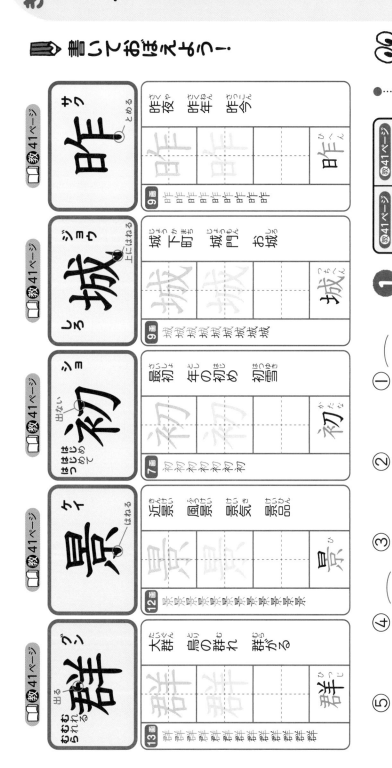

書いておぼえよう！

| 昨 サク とめる | 昨夜 昨年 昨今 | | | 昨ひ |
| 9画 昨昨昨昨昨昨昨昨昨 |

| 城 ジョウ しろ 上にはねる | 城下町 城門 お城 | | | 城ろん |
| 9画 城城城城城城城城城 |

| 初 ショ はつ はじめ はじめて うい 出ない | 最初 年の初め 初雪 | | | 初な |
| 7画 初初初初初初初 |

| 景 ケイ はねる | 近景 風景 景気 景品 | | | 景い |
| 12画 景景景景景景景景景景景景 |

| 群 グン むれ むれる むらがる 出る | 大群 鳥の群れ 群がる | | | 群れ |
| 13画 群群群群群群群群群群群群群 |

読んでおぼえよう！

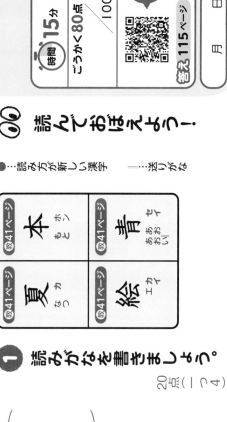

●…読み方が新しい漢字　—…送りがな

| 教41ページ 本 もと | 教41ページ 青 あお あおい |
| 教41ページ 夏 なつ | 教41ページ 絵 エカイ |

1 読みがなを書きましょう。

20点(一つ4)

① 昨夜 の出来事。

② お城 まで歩く。

③ 文章の 初 め。

④ 風景画 を見る。

⑤ 魚の 大群 が泳ぐ。

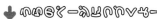
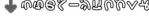

↓うらのページにつづくよ！

② あてはまる漢字を書きましょう。

① 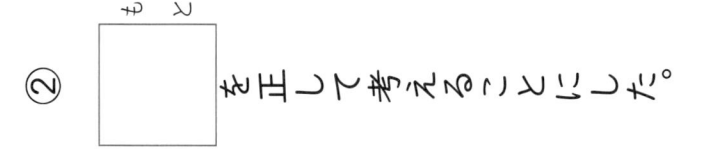 よりもたくさんの実がとれた。

② 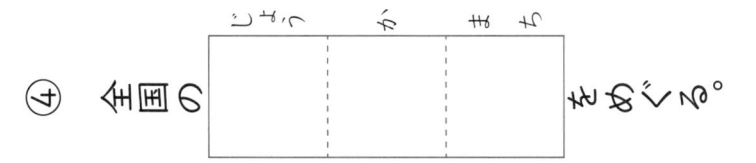 を正して考えることにした。

③ 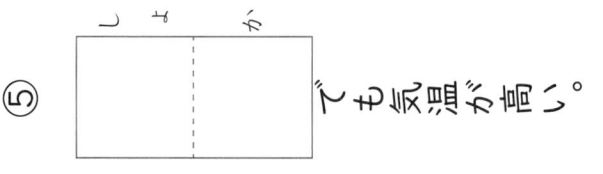 が、日本中の 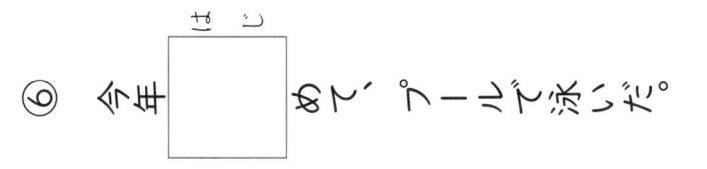 をめぐり歩く。

④ 全国の 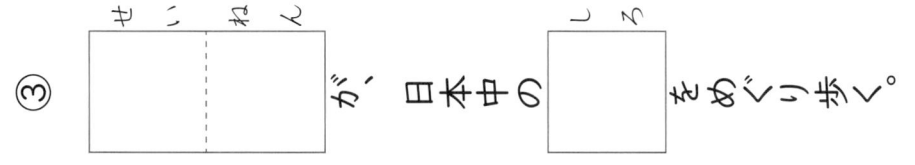 をめぐる。

⑤ 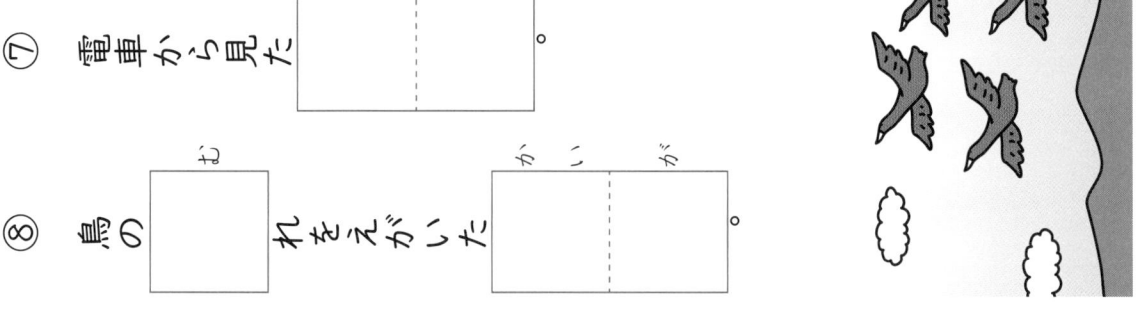 でも気温が高い。

⑥ 今年 めて プールで泳いだ。

⑦ 電車から見た 。

⑧ 鳥の れをえがいた 。

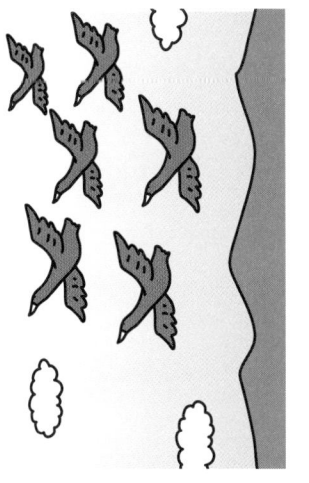

ヒント ② ③「しろ」④「じょう」の九画目をわすれずに書きましょう。

まとめのドリル
➡ 8・9
白い国ぼうし／
漢字辞典を使おう

1 漢字の読みがなを書きましょう。

52点（4×1）

① もう一度、友達を信じてみる。
（　）（　）

② 順番通りに書類をならべ直す。
（　）（　）

③ 全員がそろい、静かに着席する。
（　）（　）（　）

④ とくに多い山菜の名前を辞書で調べる。
（　）（　）（　）

⑤ 先生から愛読書を借りる。
（　）（　）

⑥ 森の中にあるお社へ向かう。
（　）（　）

⑦ 母は、図書館の司書をしている。
（　）（　）

⑧ 初雪がふった日、雪だるまを作った。
（　）（　）（　）

⑨ たくさんの機械を動かす。
（　）（　）

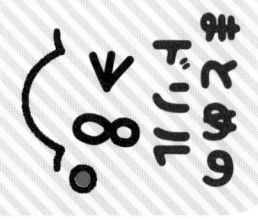

❷ あてはまる漢字を書きましょう。

① 漢字の □□ と □□ を調べる。

② この □ は、古い時代に □ られた。

③ □ を正しく考えてみよう。

④ 公園で □□□□ をたしかめる。

⑤ □□ をする。

⑥ 四年に一度の、スポーツの □□ 。

⑦ □ は、いい考えだと思っていますか。

⑧ 自転車におどろいて、 □ がとび出した。

⑨ コンテストに出す □ を □ する。

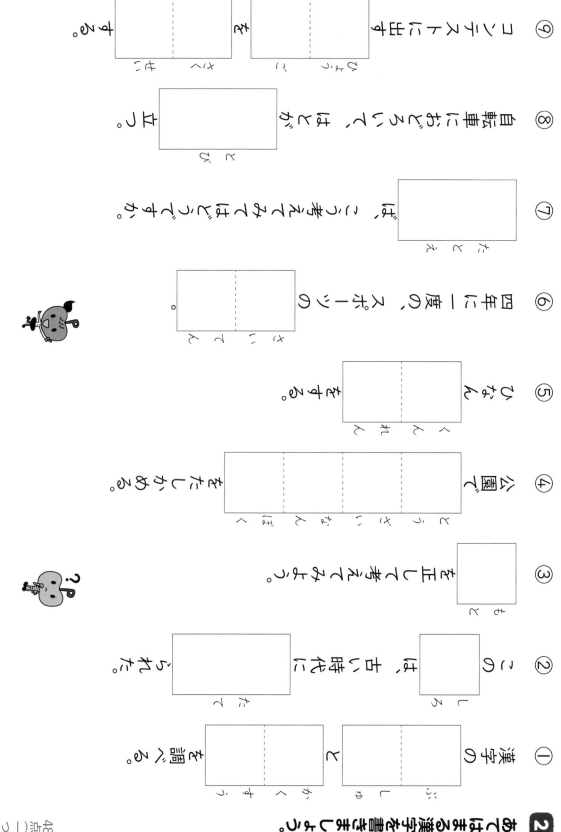

✍ 書いておぼえよう！

ヒツ
かならず
（はねる）
必要　必死　必ず　勝つ
5画

ヨウ
かなめ
（少し出る）
必要　要点　おうぎの要
9画

テキ
まと
（はねる）
目的　定期的　的に当てる
8画

フ
（はねる）
府立　京都府　政府
8画

1 読みがなを書きましょう。

28点(1つ4)

① 必要 なこと。

② 必ず やりとげる。

③ 要点 をまとめる。

④ おうぎの 要。

⑤ 目的 をたしかめる。

⑥ 定期的 にみる。

⑦ 府立 病院に行く。

📖 読んでおぼえよう！

●…読み方が新しい漢字　＝…送りがな
●…とくべつな読み方をする漢字

用 ヨウ もちいる 教46ページ
宮城 みやぎ 教50ページ
七夕 たなばた 教50ページ

教科書 上 44〜51ページ

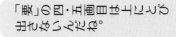
「要」の四・五画目は上につき出さないんだね。

❷ あてはまる漢字を書きましょう。

72点（一つ9）

① □□（ひっし）に練習したら、さか上がりができた。

② □□（ようてん）をおさえて話すようにする。

③ チームの□（かなめ）として活やくするようになった。

④ 矢を□（まと）に当てる練習をする。

⑤ 京都□（ふ）でくらす。

⑥ これは筆を□（もち）いて書かれた古い手紙だ。

⑦ □□□（みやぎ）県の□□□□（たなばた）祭りに出かける。

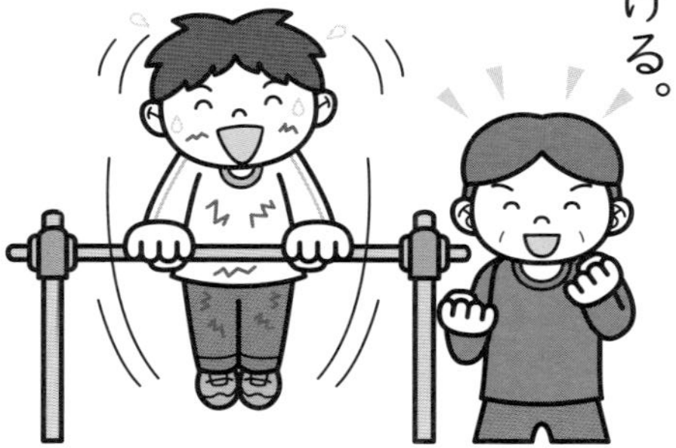

ヒント ❷ ④「まと」の七画目に注意して書きましょう。

きほんドリル 10 カンジーはかせの都道府県の旅1 (2)

✏️ 書いておぼえよう！

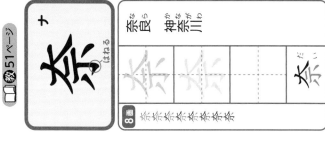

教51ページ	茨 いばら はらう	茨の道 茨の道 茨城 茨城 ／ 茨 茨 ／ 茨 9画 茨茨茨茨茨茨茨茨茨
教51ページ	栃 とち はねる	栃木 栃木 ／ 栃 栃 ／ 栃 さいたま 9画 栃栃栃栃栃栃栃栃栃
教51ページ	埼 さい はねる	埼玉 埼玉 ／ 埼 埼 ／ 埼 ちば 11画 埼埼埼埼埼埼埼埼埼埼埼
教51ページ	奈 ナ はねる	奈良 神奈川 ／ 奈 奈 ／ 奈 だい 8画 奈奈奈奈奈奈奈奈

1 読みがなを書きましょう。

30点(一つ5)

① 茨城 県の山道を歩く。

（　　　　）

② 栃木 県の地図。

（　　　　）

③ 埼玉 県に引っこす。

（　　　　）

④ 神奈川 県の学校へ通う。

（　　　　）

⑤ 山形 県へ出かけた。

（　　　　）

⑥ 群馬 県の特産品。

👀 読んでおぼえよう！

●…読み方が新しい漢字
●…とくべつな読み方をする漢字

教50ページ 形 ギョウ かたち	教51ページ 馬 バ まうま	教51ページ 口 コウ くち	教51ページ 茨城 いばらき	教51ページ 神奈川 かながわ

↓うらのページにつづくよ！

2 あてはまる漢字を書きましょう。 70点(1つ10)

① 初めて ［やまがた］ 県に出かける。

② ［いばらき］ 県は、なっとうが有名だ。

③ ［とちぎ］ 県に住むおじに会いに行く。

④ 兄は、［さいたま］ 県の大学に通っている。

⑤ ［ぐんま］ 県へ向かう電車を調べる。

⑥ ［かながわ］ 県は海に面している。

⑦ 日本の ［じんこう］ について調べる。

都道府県名には、とくべつな読み方のものもあります。

カンジーはかせの都道府県の旅1 (3)

時間 15分
ごうかく80点
/100
答え 116ページ

サクッと
こたえ
あわせ

月 日

書いておぼえよう！

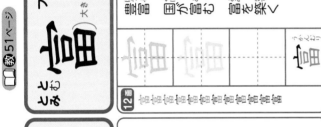

教51ページ

潟
かた
つけない

15画
新潟 にいがた
干潟 ひがた

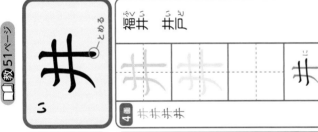

教51ページ

富
とむ
(大さく)

12画
豊富 ほうふ
国が富む くにがとむ
富を築く とみをきずく

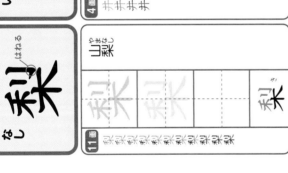

教51ページ

井
い
とめる

4画
福井 ふくい
井戸 いど

教51ページ

梨
なし
はねる

11画
山梨 やまなし

1 読みがなを書きましょう。

30点(1つ6)

① 新潟 県のお米。
（　　　）

② 富山 県出身の友人。
（　　　）

③ 富 と名声を得る。
（　　　）

④ 福井 県を旅する。
（　　　）

⑤ 山梨 県のぶどう。
（　　　）

「井」は、横画から書きます。

読んでおぼえよう！

● …読み方が新しい漢字　＝…送りがな
● …とくべつな読み方をする漢字

教51ページ
新
シン
あたら(しい)

教51ページ
富山
とやま

うらのページにつづくよ！

② あてはまる漢字を書きましょう。 70点(1つ10)

① [にいがた]◻◻ 県は米所として有名だ。

② [ひがた]◻ にすむ生き物を調べる。

③ 音楽の才能に [と]◻ む姉がうらやましい。

④ [とちぎ]◻ 県の観光地をめぐる。

⑤ このめがねは、[ふくい]◻◻ 県で作られた。

⑥ [いど]◻◻ 水は、夏冷たく、冬温かい。

⑦ [やまなし]◻◻ 県は、くだものの産地として知られている。

23

つぎへつづくよ！⤴　こたえはつぎのページ→

教51ページ　岐阜　ぎふ

「阜」は五画目を長く書くよ。

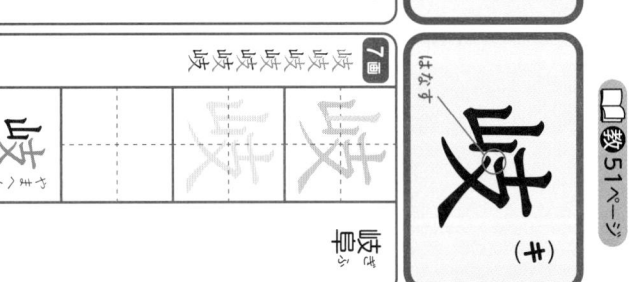

読んでおぼえよう！

●あたらしく習う漢字　よみかえする漢字は（　）のよみです。小学校では習いません。

□ おか 岡	教51ページ	[8画]
つけない　はねる		

静岡（しずおか）　岡山（おかやま）　福岡（ふくおか）

□ ア 阜 おか	教51ページ	[8画]
長く		

岐阜（ぎふ）　阜（おか）

□ キ 岐 はなす	教51ページ	[7画]

岐阜（ぎふ）　分岐点（ぶんきてん）

□ リョウ 量 はかる	教51ページ	[12画]
一番長く		

米の量（こめのりょう）　大量（たいりょう）　体重を量る（たいじゅうをはかる）

書いておぼえよう！

① 水の分量（　）を調べる。
② 量（　）が多すぎた。
③ 目方を量（　）る。
④ 実家は岐阜（　）県にある。
⑤ 静岡県のお茶（　）。
⑥ 福岡県へ出かける（　）。

きほんのドリル
12. カ（か）いはかせの都道府県の旅1　(4)

じかん15分　ごうかく80点　／100点

答え116ページ

サッとこたえ　あわせ

月　日

1 読みがなを書きましょう。 30点(1つ5)

❷ あてはまる漢字を書きましょう。 70点(1つ10)

①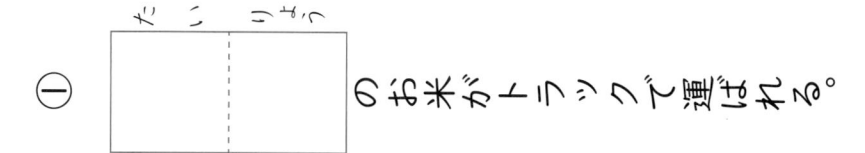
だい りょう ［大量］ のお米がトラックで運ばれる。

② 目方を ［計］ って米を売る。
は か

③ テレビの ［音量］ を上げる。
おん りょう

④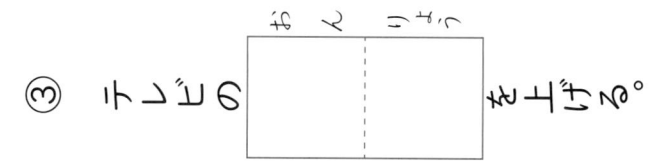
き う ［岐阜］ 県の観光ではうかいが有名だ。

⑤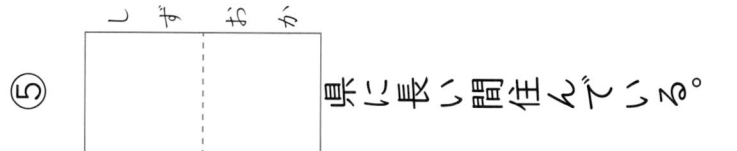
し ず お か ［静岡］ 県に長い間住んでいる。

⑥ おみやげで 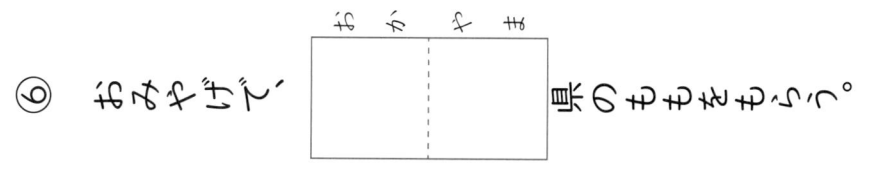 お か や ま ［岡山］ 県のももをもらう。

⑦ お茶の生産 ［量］ を調べる。
さん りょう

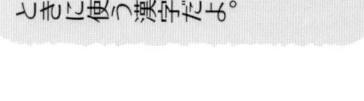
②「はかる」は、おもさをはかる
ときに使う漢字だよ。

❷ ④「阜」の上半分を「日」と書かないようにしましょう。

 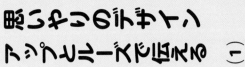

きほんのドリル 13

思いやりのデザイン／アップとルーズで伝える（1）

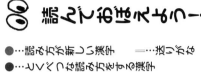

時間 15分　ごうかく80点　／100　答え116ページ　月 日

✏ 書いておぼえよう！

教53ページ 伝 デン／つたわる・つたえる・つたう　6画
伝言　伝記　考えを伝える

教54ページ 案 アン／とめる　10画
提案　案内　名案　思案

教54ページ 説 セツ／とく・上にはねる　14画
説明　小説　教えを説く

教56ページ 試 シ／こころみる・ためす　13画
試合　試験　節約を試みる

教56ページ 選 セン／えらぶ・はらう　15画
選手　選挙　委員を選ぶ

👀 読んでおぼえよう！

- ●…読み方が新しい漢字　　＝…送りがな
- ●…とくべつな読み方をする漢字

教54ページ 明 メイ／あかり・あかるい・あかるむ・あからむ・あきらか・あける・あく・あくる・あかす

教56ページ 後 コウ・ゴ／のち・うしろ・あと・おくれる

教55ページ 景色 ケシキ

1 読みがなを書きましょう。
20点（一つ4）

① 思いを伝える。

② 案内図をならべる。

③ 説明を聞く。

④ 試合が始まる。

⑤ 選手と話す。

教科書 （上）53〜65ページ

25

2 あてはまる漢字を書きましょう。

① エジソンの　[で ん き]　を読む。

② 旅行の　[こ う は ん]　は、山に登る予定です。

③ 君の考えは、[め い あ ん]　だと思う。

④ 本屋で　[しょ う せ つ]　を　[え ら]　ぶ。

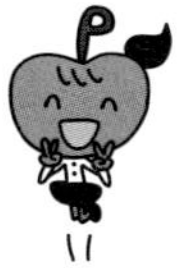

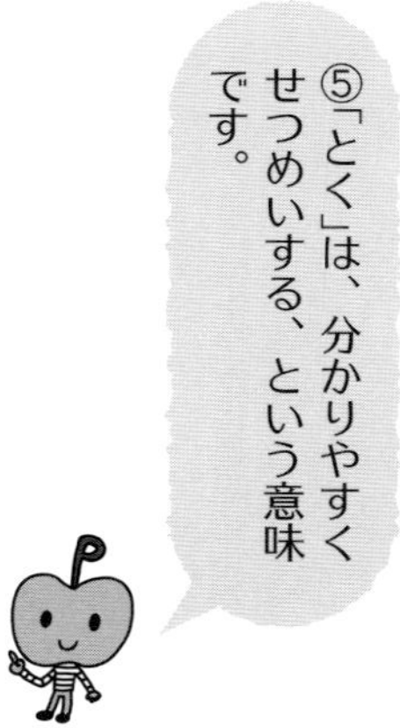

> ⑤「とく」は、分かりやすくせつめいする、という意味です。

⑤ 仏教の教えを、人々に　[と]　くことを　[こころ]　みた。

⑥ デパートの地下の店で　[し しょく]　をしてみる。

⑦ リレーの走者として、男女数人を　[せ ん しゅつ]　します。

⑧ 歩くときに見える　[け し き]　が美しい。

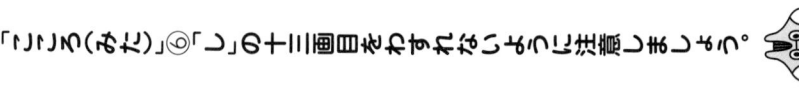

きほんの
ドリル
14

アップとルーズで伝える (2)

時間15分
ごうかく80点
/100

サッとこたえ
あわせ

答え116ページ

月　日

📖 書いておぼえよう！

□教56ページ	観 カン 上にはねる
18画	観客席 かきゃくせき 観察 かんさつ 観光地 かんこうち 観る みる

□教59ページ	旗 キ はた はねる
14画	国旗 こっき 旗をふる はたをふる 手旗 てばた

□教59ページ	利 リ はねる
7画	便利 べんり 利用 りよう 利子 りし 不利 ふり

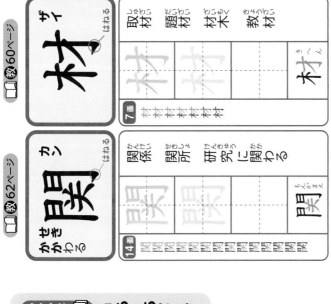

□教60ページ	材 ザイ はねる
7画	取材 しゅざい 題材 だいざい 材木 ざいもく 教材 きょうざい

□教62ページ	関 カン かかわる はねる
14画	関係 かんけい 関所 せきしょ 研究に関わる けんきゅうにかかわる

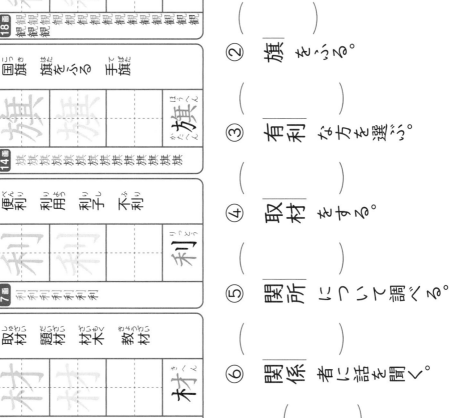

1 読みがなを書きましょう。

28点(一つ4)

① 観客席 から見る。（　　）

② 旗 をふる。（　　）

③ 有利 な方を選ぶ。（　　）

④ 取材 をする。（　　）

⑤ 関所 について調べる。（　　）

⑥ 関係 者に話を聞く。（　　）

⑦ 何の 関 わりもない。（　　）

↓うらのページにつづくよ！

② あてはまる漢字を書きましょう。　　72点(1つ9)

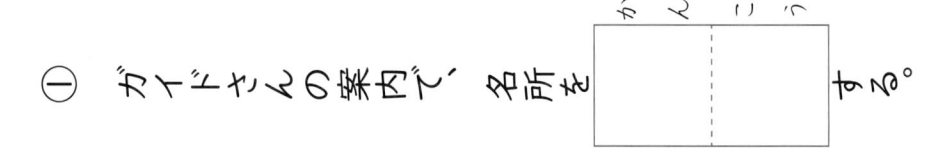

① ガイドさんの案内で、名所を［かんこう］する。

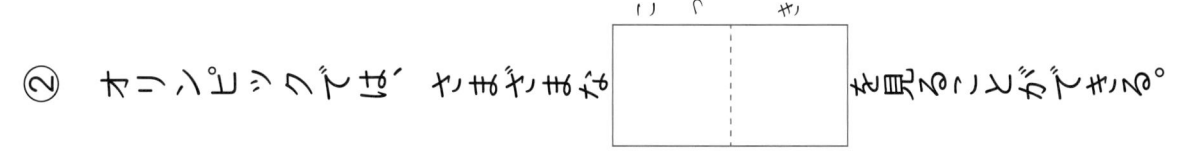

② オリンピックでは、さまざまな［こっき］を見ることができる。

③ 校庭にある［はた］が風になびく。

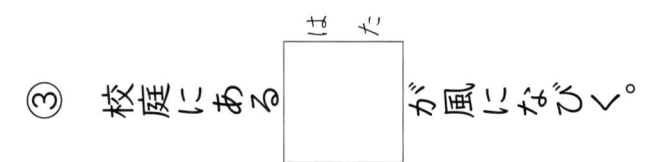

④ ［きこもく］を切ることから始めよう。

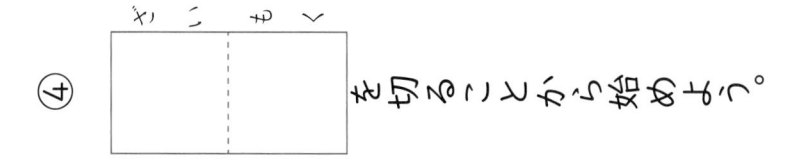

⑤ 駅前にある図書館を［りよう］する。

⑥ 日本全国の城下町に［かんしん］を持つ。

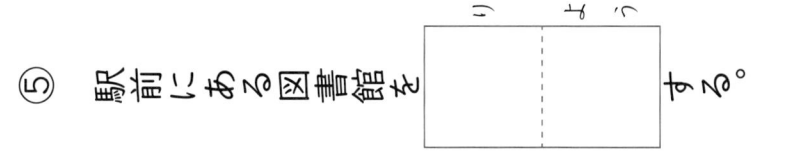

⑦ おもちゃの［きかんしゃ］で遊ぶ。

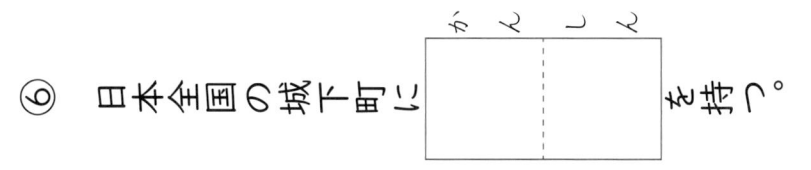

⑧ クラスで町に［かか］わることを調べる。

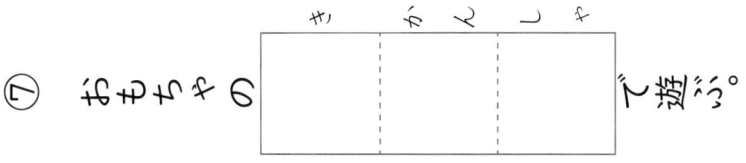

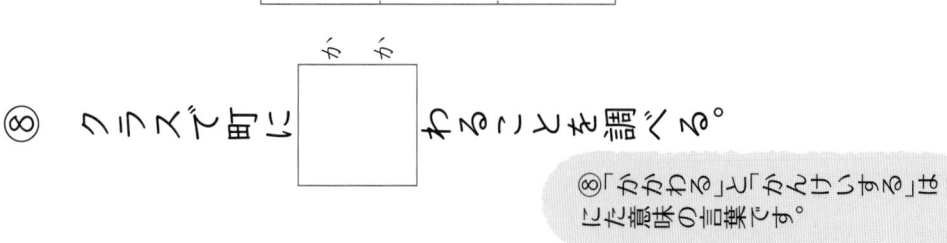
⑧「かかわる」と「かんけいする」はにた意味の言葉です。

お礼の気持ちを伝えよう

書いておぼえよう！

以 とめる	以外 以上 以下 以前
教66ページ	5画 以 以 以 以

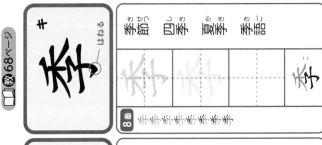

季 はねる	季節 四季 夏季 季語
教68ページ	8画 季季季季季季季季

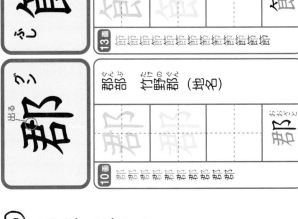

節 はねる	季節 節分 節約 節目
教68ページ	13画

郡 出る	郡部 竹野の郡（地名）
教69ページ	10画

読んでおぼえよう！

●…読み方が新しい漢字

教69ページ 市 シ	教69ページ 村 ソン

教科書 上66〜69ページ

1 読みがなを書きましょう

28点(1つ4)

① 予想 以上 の人数。

② 以前 の出来事。

③ 季節 が変わる。

④ 今日は 節分 だ。

⑤ 竹の 節 にふれる。

⑥ 竹野の 郡 をおとずれる。

⑦ 市区町村 を記す。

とめ、はねなどにも
気をつけましょう。

うらのページにつづくよ→

2 あてはまる漢字を書きましょう。

72点（一つ9）

① 小学生［　　］（いじょう）は入場料（りょう）が必要です。

② 日本は、［　　］（しき）のちがいがはっきりしている。

③ ［　　］（かき）オリンピックが行われる。

④ ［　　］（せつぶん）の日に、豆まきをする。

⑤ 人生の大きな［　　］（ふしめ）の年となった。

⑥ 新たに選出された［　　］（しちょう）のスピーチを聞く。

⑦ 野外活動で、［　　］（のうそん）に行く。

⑧ 県内の［　　］（ぐんぶ）の学校に転校する。

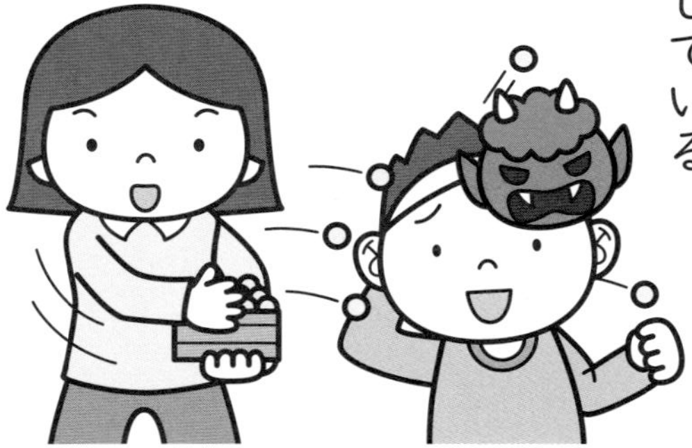

ヒント 2 ②「しき」は春・夏・秋・冬のことです。

1 漢字の読みがなを書きましょう。

52点(1つ4)

① サッカーの（試合）を（観戦）する。

② （神奈川）県の（七夕）の祭りを見に行く。

③ トラックで（大量）の（木材）を運ぶ。

④ おじは（以前）、（新潟）県に住んでいた。

⑤ その土地に語りつがれる（伝説）。

⑥ （勝利）の喜びを分かち合う。

⑦ （富山）県まで友達に会いに行った。

⑧ （京都府）のお寺を回る。

⑨ リサイクル活動に（関心）をもつ。

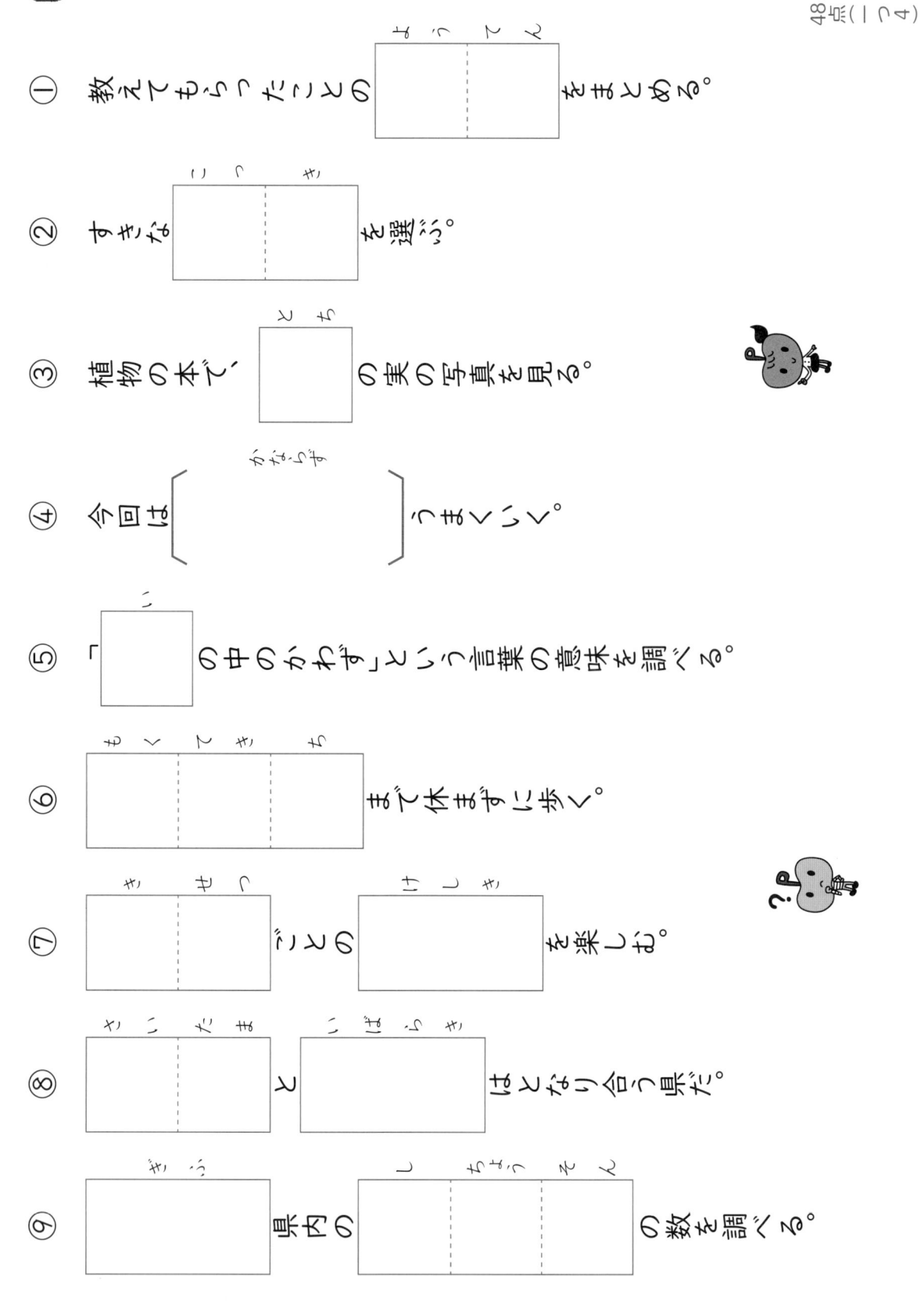

2 あてはまる漢字を書きましょう。〔 〕には漢字と平がなを書きましょう。
48点(1つ4)

① 教えてもらったことの（よう｜てん）□□をまとめる。

② すきな（い｜しゃ）□□を選ぶ。

③ 植物の本で（とち）□の実の写真を見る。

④ 今回は〔かならず〕□ていく。

⑤ 「（い）□の中のかわず」という言葉の意味を調べる。

⑥ （もく｜てき｜ち）□□□まで休まずに歩く。

⑦ （き｜せつ）□□ごとの（け｜しき）□□を楽しむ。

⑧ （さい｜こ｜だ｜ま）□□□□と（い｜ば｜ら｜き）□□□□はとなり合う県だ。

⑨ （きょう）□県内の（し｜ちょう｜そん）□□□の数を調べる。

一つの花 （1）

時間 15分　ごうかく80点　／100　答え116ページ
サクッとこたえあわせ
月　日

✎ 書いておぼえよう！

戦 セン／たたかう・たたかい（数71ページ）	戦争　作戦　敵と戦う	13画
争 ソウ／あらそう（数71ページ）	戦争　競争　言い争う	6画
給 キュウ（数72ページ）とめる	配給　給食　給料	12画
飯 ハン／めし（数73ページ）たてに	赤飯　ご飯　夕飯　昼飯	12画
包 ホウ／つつむ（数76ページ）上をはなす	包帯　包丁　紙に包む	5画

👀 読んでおぼえよう！

●…読み方が新しい漢字

頭 トウ／あたま（数76ページ）

1 読みがなを書きましょう。
20点（一つ4）

① 戦争が始まる。　（　　　）

② 先を争う。　（　　　）

③ 米が配給される。　（　　　）

④ ご飯を食べる。　（　　　）

⑤ 包丁をとしまう。　（　　　）

② あてはまる漢字を書きましょう。　80点(1つ10)

① 母をおどろかす □□（さくせん）は大成功だ。

② 優勝をかけて 二つのチームで □（あらそ）う。

③ 教室にもどって □□（きゅうしょく）をたべる。

④ 父といっしょに □□（ゆうはん）を用意する。

⑤ もうすぐ □□（ひるやすみ）の時間だ。

⑥ 花たばを、きれいな紙で □（つつ）む。

⑦ □□（ほうちょう）が使えるようになった。

⑧ 天じょうがひくいので □□（ずじょう）に注意して歩く。

35

➡このページは まるつけページです。

きほんのドリル 18. こくごの花 (2)

時間 15分　ごうかく80点 ／100　答え116ページ

月　日

📖書いておぼえよう！

教78ページ	教78ページ	教77ページ	教77ページ	教76ページ
タイ 隊 つき出るところ注意	ヘイ ヒョウ 兵 とめる	グン 軍 長く	なく なける 泣 長く	タイ おびる おび 帯 長く
12画	7画	9画	8画	10画
兵隊／救急隊員／隊長	兵隊／出兵／兵器／歩兵	軍歌／軍隊／軍人／海軍	泣き顔／弟が泣く／泣き声	包帯／赤みを帯びる／帯

① 読みがなを書きましょう。 一つ4点（28点）

① 包帯 を まく。

② 丸みを 帯びた 形。

③ ねつを 帯びる。

④ 泣き顔を 見せない。

⑤ 軍歌 が 聞こえる。

⑥ 外国の 兵隊。

⑦ 隊長 に したがう。

② あてはまる漢字を書きましょう。 72点(1つ9)

① 海の近くに工業<ruby>□□<rt>ち たい</rt></ruby>がある。

② 着物の<ruby>□<rt>お び</rt></ruby>をしめる。

③ 赤ちゃんが<ruby>□<rt>な</rt></ruby>いている。

④ <ruby>□□<rt>ぐ ん て</rt></ruby>をはめて作業を行う。

⑤ <ruby>□□<rt>ぐ ん たい</rt></ruby>に入る。

何回もくりかえし書いてみよう。

⑥ 外国くの<ruby>□□<rt>しゅ く こ</rt></ruby>をとりやめる。

⑦ 昔、ここに<ruby>□<rt>く こ</rt></ruby>器を作る工場があったと聞いた。

⑧ <ruby>□□<rt>た こ ちょう</rt></ruby>が命令する。

いつの花 (3)

つなぎ言葉のはたらきを知ろう (1)

時間15分

ごうかく80点

／100

答え116ページ

月　日

書いておぼえよう!

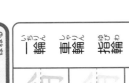

📖教79ページ

リン
わ
はねる

輪

一輪
車輪
指輪
輪投げ

15画

📖教86ページ

ケン
出る

健

健康
健全

11画

📖教86ページ

コウ
はねる

康

健康
小康

まだれ

11画

📖教86ページ

フウ
フ
おっと
長く

夫

夫人
工夫
夫の友人
主夫

4画

📖教86ページ

シ
うじ
はねる

氏

氏名

4画

教科書 ⊕71〜87ページ

1 読みがなを書きましょう。

28点(1つ4)

① 一輪 の 花。
（　　　　　）

② 輪 が 広がる。
（　　　　　）

③ 輪投 げを楽しむ。
（　　　　　）

④ 健全 な生活を送る。
（　　　　　）

⑤ 健康 をたもつ。
（　　　　　）

⑥ 夫 と買い物に行く。
（　　　　　）

⑦ 氏 は有名な作家だ。
（　　　　　）

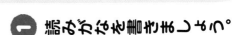
うらのページにつづくよ!

② あてはまる漢字を書きましょう。

72点(1つ9)

① 自転車の[しゃりん]がこわれる。

② [ゆびわ]をはめる。

③ 心と体が、[けんぜん]に育つように見守る。

④ 家族の[けんこう]を第一に考えている。

⑤ 大雨がやみ、天気が[しょうこう]じょうたいになった。

⑥ 市長の[ふくしん]として会合に出席する。

てきとうに書きましょうね。

⑦ [ろうじん]が青年と話をしている。

⑧ 書類に自分の[しめい]を書く。

ヒント ② ①「りん」②「わ」の「輪」を「輪」と書きまちがえないようにしましょう。

時間 15分
ごうかく80点 ／100
答え116ページ
サクッとこたえあわせ

月 日

✏️ 書いておぼえよう！

教86ページ

祝 シュク いわう 上にはねる
9画

祝日	祝福	新年を祝う

しゅくじつ／しゅくふく／しんねんをいわう

教86ページ

貨 カ 上にはねる
11画

硬貨	金貨	貨車	貨物船

こうか／きんか／かしゃ／かもつせん

教87ページ

児 ジ ニ 上にはねる
7画

児童書	児童会	育児

じどうしょ／じどうかい／いくじ

教87ページ

器 キ うつわ 出る
15画

器官	食器	楽器	器用

きかん／しょっき／がっき／きよう

教87ページ

官 カン 上つき出し大きく
8画

器官	警察官	長官

きかん／けいさつかん／ちょうかん

👀 読んでおぼえよう！

●…読み方が新しい漢字

教87ページ
台 ダイ タイ

1 読みがなを書きましょう。
20点(1つ4)

① 祝日 に出かける。
（　　　）

② 金貨 をさがす。
（　　　）

③ 園児 を見送る。
（　　　）

④ 体の消化 器官。
（　　　）

⑤ 兄は 外交官 だ。
（　　　）

❷ あてはまる漢字を書きましょう。

① 十月に［　台風（たいふう）　］が発生した。

② 周（まわ）りの人から［　祝福（しゅくふく）　］を受ける。

③ ［　百貨店（ひゃっかてん）　］で母と買い物をする。

④ ［　育児（いくじ）　］にねっしんな男性（だんせい）がふえているそうだ。

⑤ ［　児童館（じどうかん）　］を利用する。

⑥ ［　楽器（がっき）　］を大切にあつかう。

⑦ 気象庁（きしょうちょう）の［　長官（ちょうかん）　］が説明する。

⑧ 入学のお［　祝（いわい）　］いにおくる品を選ぶ。

つなぎ言葉のはたらきを知ろう (3)

書いておぼえよう！

| 教87ページ | リョウ よい（はねる）よ | 改良 良い品物 なか良し | 7画 良良良良良良良 |

徒 ト ながく　徒競走 生徒 徒歩　10画 徒徒徒徒徒徒徒徒徒徒

競 キョウ きそう（上にはねる）　徒競走 競争 競馬場　20画 競競競…

1 読みがなを書きましょう。

28点(1つ4)

① 良薬 を飲む。（　　　）

② うでの 良 い大工。（　　　）

③ 中学校の 生徒 。（　　　）

④ 徒競走 に出る。（　　　）

⑤ 競馬 を見る。（　　　）

⑥ 競争 がはげしい。（　　　）

⑦ 昨日 の出来事。（　　　）

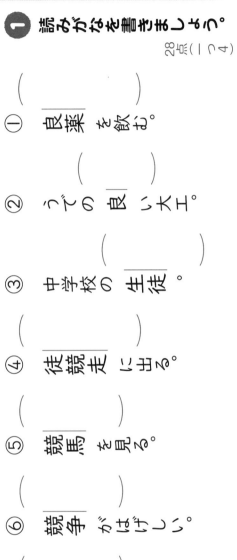

読んでおぼえよう！

●…とくべつな読み方をする漢字

| 教87ページ | 昨日（きのう） |

教科書 ①85～87ページ

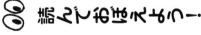

❷ あてはまる漢字を書きましょう。

72点（一つ9）

① この値段（ねだん）なら［りょうしん］的なお店だと思う。

② ［よ］い案を考えたものだね。

③ ［りょうしょ］を読むことは楽しい。

④ ［とほ］で駅に向かう。

⑤ ［せいとかい］の活動を始める。

⑥ どちらが多くごみを集められるか［きょうそう］する。

⑦ ［きのう］の台風で、［くさけいば］は中止（し）になった。

ヒント ❷ ⑥「きょうそう」の「そう」を「走」にしないようにしましょう。

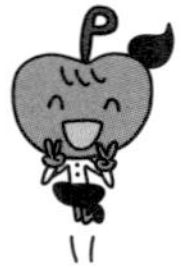

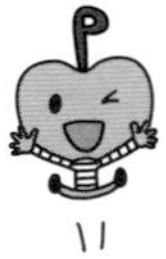

きほんのドリル 22
短歌・俳句に親しもう①
要約するとき
新聞を作ろう
アンケート調査のしかた

時間 15分　ごうかく80点　/100　答え117ページ

サクッとこたえあわせ

月　日

書いておぼえよう！

□教88ページ

芽 が／め　はねる

発芽　芽生え　芽が出る

8画　芽芽芽芽芽芽芽芽

□教89ページ

梅 バイ／うめ　はねる

松竹梅　梅園　梅の花

10画　梅梅梅梅梅梅梅梅梅梅

□教90ページ

約 ヤク　はねる

要約　約束　約数　予約

9画　約約約約約約約約約

□教95ページ

付 フ／つける／つく　はねる

付近　付録　力が付く

5画　付付付付付

□教97ページ

清 セイ／きよい／きよまる／きよめる　はねる

清書　清流　清い心

11画　清清清清清清清清清清清

読んでおぼえよう！

● …読み方が新しい漢字　＝…送りがな
● …とくべつな読み方をする漢字

教92ページ　**夫** フウ／おっと

教98ページ　**啓** ケイ／ひらく／もうす

教88ページ　**奈良** なら

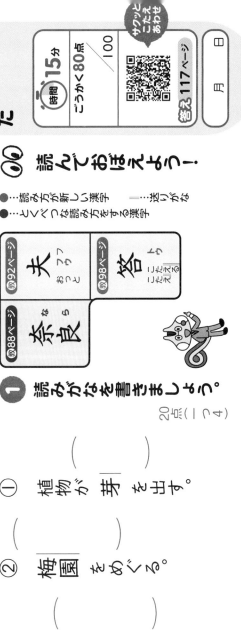

1 読みがなを書きましょう。
20点(1つ4)

① 植物が芽を出す。（　　　）

② 梅園をめぐる。（　　　）

③ 話を要約する。（　　　）

④ 雑誌の付録。（　　　）

⑤ 記事を清書する。（　　　）

❷ あてはまる漢字を書きましょう。 80点(1つ8)

① 種(たね)から 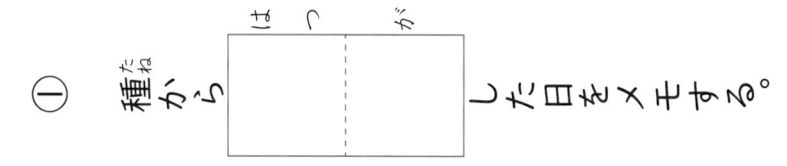 した日をメモする。

② 妹が 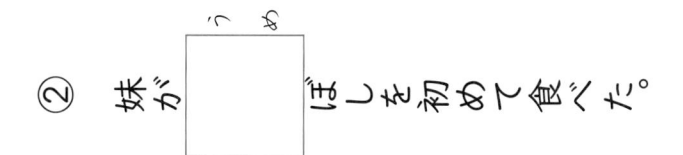 ぼしを初めて食べた。

③ おこづかいを 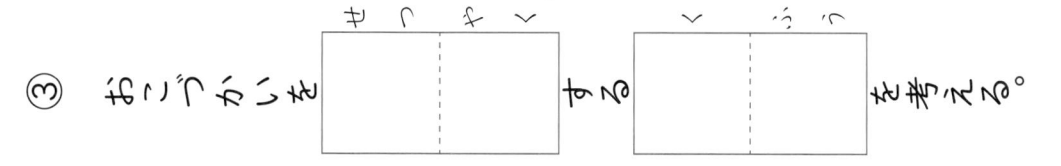 を考える。

④ 学校の 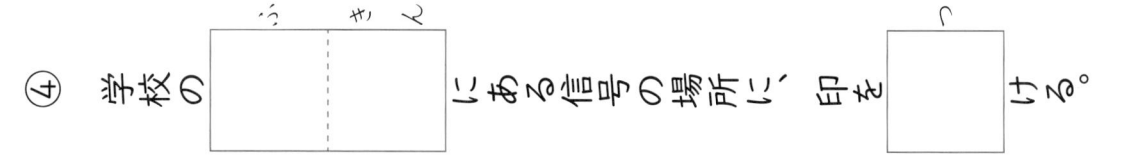 にある信号の場所に、印を ける。

⑤ 山の中の 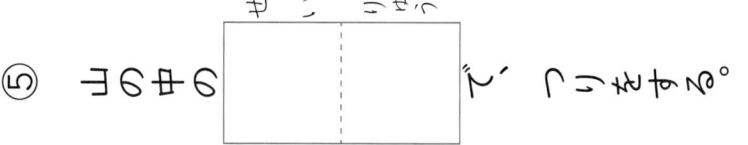 で、つりをする。

⑥ 神社では、水で手を 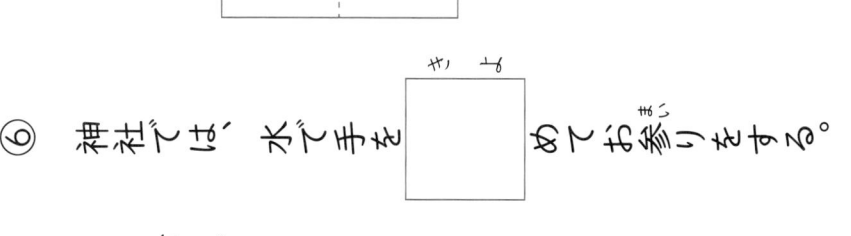 めてお参りをする。

⑦ 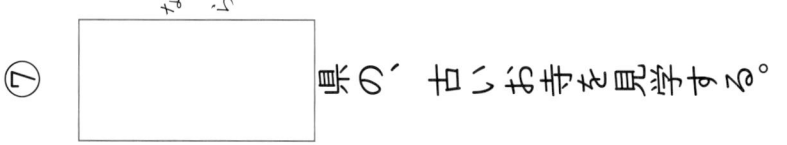 県の、古いお寺を見学する。

⑧ 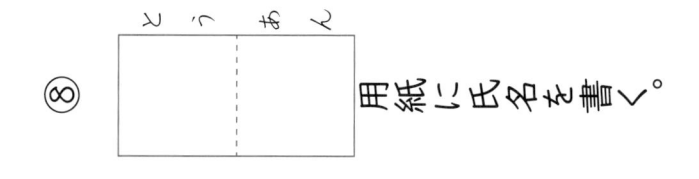 用紙に氏名を書く。

カンジーはかせの都道府県の旅2　（1）

時間15分　ごうかく80点　／100　答え117ページ　月　日

✍ 書いておぼえよう！

教100ページ
（シ）
滋
出ない　12画

滋賀
滋　滋　　　　やんちゃ子
滋滋滋滋滋滋滋滋滋滋

教100ページ
（ハン）
阪　はん
7画

大阪か
阪　阪　　　　だいはんくん
阪阪阪阪阪阪

教101ページ
（トク）たてに
徳　14画

道徳どうとく　徳用とくよう　人徳じんとく　美徳びとく
徳徳徳徳徳徳徳徳徳徳徳徳徳徳

教101ページ
か・かおる・かおり
香　はらう　9画

香川かがわ　香かおり　香かおる
香　香　　　　かおり
香香香香香香香香香

（　）の読みは、小学校では習いません。

😊 読んでおぼえよう！

●…とくべつな読み方をする漢字

教100ページ　滋賀しが
教100ページ　大阪おおさか
教100ページ　鳥取とっとり

教科書　上100〜101ページ

① 読みがなを書きましょう。

20点(1つ4)

①　（　　　）滋賀県の湖は大きい。

②　（　　　）大阪府内を食べ歩く。

③　（　　　）徳島県の有名なおどり。

④　（　　　）香川県のうどん。

⑤　ひかれる（　　　）香りの花。

つぎのページにつづくよ！

❷ あてはまる漢字を書きましょう。

80点（一つ10）

① ビルの屋上から［　　］（おおさか）の街（まち）を見わたす。

② ［　　］（とくしま）県へ遊びに行く。

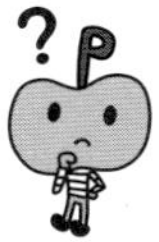

①「おおさか」の「さか」は、「坂」ではないんだね。

③ 友達が［　　］（かがわ）県に住んでいる。

④ ［　　］（どうとく）の本を、家に置（お）いてきた。

⑤ ［　　］（とっとり）県は、さきゅうが有名だ。

⑥ 一輪のゆりの花が、部屋中を良い［　］（かお）りで満（み）たす。

⑦ おかしの、お［　　］（とくよう）パックを買う。

⑧ 庭にさく菜の花が［　］（かお）る。

ヒント ❷ ①・⑤はとくべつな読み方をする府県名です。正しくおぼえましょう。

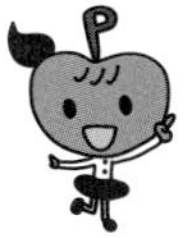

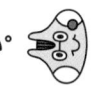

きほんドリル 6

24 カンジーはかせの都道府県の旅2 (2)

時間 15分
ごうかく80点
／100

答え117ページ

月 日

書いておぼえよう！

(エヒ) 媛 はらう	愛媛 12画			媛 おんくん
サ 佐 はらう	佐賀 補佐 7画			佐 にんべん
ガ 賀 はらう とめる	佐賀 年賀 滋賀 12画			賀 かい
サキ 崎 はねる	長崎 宮崎 11画			崎 やまへん

教101ページ

( )の読みは、小学校では習いません。

読んでおぼえよう！

●…とくべつな読み方をする漢字

教101ページ
えひめ
愛媛

1 読みがなを書きましょう。

30点(1つ6)

① ( ) 愛媛県のみかん。

② ( ) 佐賀県の町なみ。

③ ( ) 年賀のあいさつをする。

④ ( ) 長崎県の教会。

⑤ ( ) 宮崎県へ出かける。

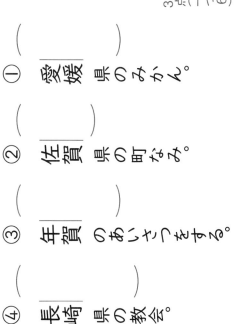

都道府県名は漢字で
読み書きできるよう
になりましょう。

47

つぎのページにつづくよ→

❷ あてはまる漢字を書きましょう。　　70点(一つ10)

① ［えひめ　　］県は、四国の県の一つだ。

② ［さ　が　　］県に住む姉の家族をたずねる。

③ ［し　が　　］県の花火大会。

④ 新年の［しゅく　が　］会が行われる。

⑤ 会長を補［さ　］する。

⑤「ほさ」は、仕事を
助けることだね。

⑥ ［なが　さき　］県には、たくさんの島がある。

⑦ ［みや　ざき　］県では、スイートピーのさいばいがさかんだ。

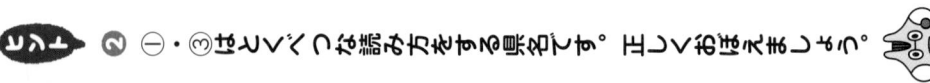

ヒント ❷ ①・③はとくべつな読み方をする県名です。正しくおぼえましょう。

カンジーはかせの都道府県の旅2 (3)

時間15分　ごうかく80点　／100
サッとこたえあわせ
答え117ページ
月　日

書いておぼえよう！

教101ページ	くま はねる 熊	14画	熊本（くまもと）
教101ページ	かし か はらう 鹿	11画	鹿（しか）　鹿児島（かごしま）
教101ページ	おき とめる 沖	7画	沖縄（おきなわ）
教101ページ	なわ 上にはねる 縄	15画	沖縄（おきなわ）

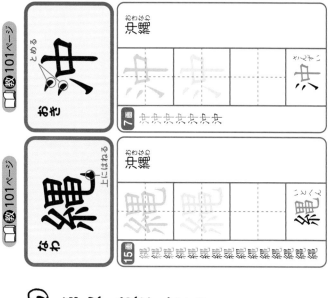

読んでおぼえよう！

●…とくべつな読み方をする漢字

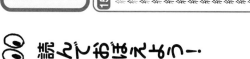
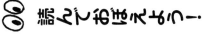

教101ページ　おおいた 大分
教101ページ　かごしま 鹿児島

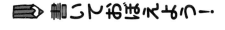
教科書（上）100〜101ページ

1 読みがなを書きましょう。

20点（一つ4）

① （　　　　）熊本県のトマト。

② （　　　　）鹿児島県内を旅する。

③ （　　　　）沖縄県の美しい海。

④ （　　　　）鹿の親子を見かけた。

⑤ （　　　　）大分県のみかん。

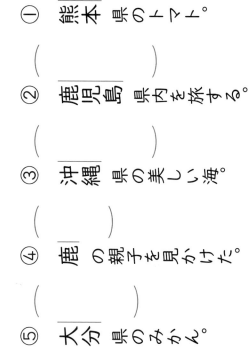

「鹿」の「比」の部分は、四画で書きます。

つぎのページにつづくよ！

49

②　あてはまる漢字を書きましょう。　80点(一つ10)

① スーパーで □□（くまもと）県産のトマトを買う。

② 動物園で □□（しろくま）を見る。

③ 家族で □□□（おおいた）県の有名な温せん地に行く。

④ □（しか）にえさをあげる。

⑤ □□□□（かごしま）の市街から、桜島（さくらじま）をながめる。

⑥ 日本で最（もっと）も南西にある県は、□□□□（おきなわ）県だ。

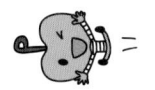

⑦ 船で □□（おき）まで行く。

⑧ 動物の □□（なわ）張り争い。

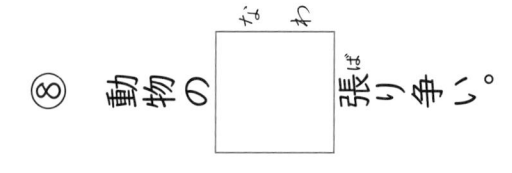
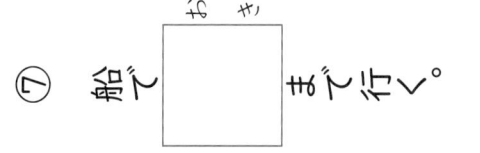
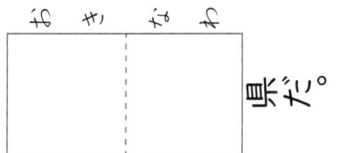
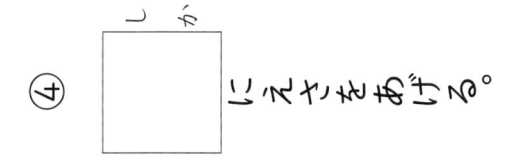

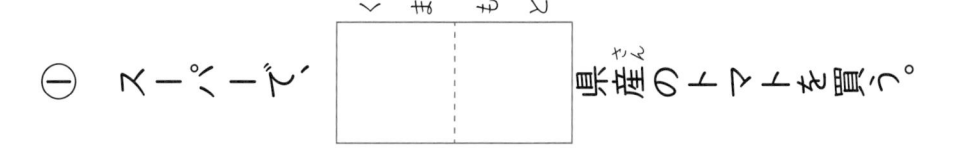

書いておぼえよう！

熱 あつい ネツ
教108ページ
上にはねる
15画

発熱・熱っぽい・熱心・熱意・熱い湯
れんが

働 はたらく ドウ
教112ページ
はねる
13画

会社で働く・労働
にんべん

栄 さかえる エイ
教113ページ
とめる
9画

栄養・町が栄える

養 やしなう ヨウ
教113ページ
はらう
15画

養分・栄養・家族を養う
しょく

満 みちる ・みたす マン
教114ページ
はねる
12画

満員・満点・月が満ちる
さんずい

読んでおぼえよう！

● …読み方が新しい漢字
● …とくべつな読み方をする漢字

秋 あき・シュウ 教111ページ
冬 ふゆ・トウ 教111ページ
手伝う てつだう 教110ページ

❶ 読みがなを書きましょう。
20点(一つ4)

① 熱い湯を冷ます。
（　　　　）

② 熱心に話を聞く。
（　　　　）

③ 働き手となる。
（　　　　）

④ 栄養のある食事。
（　　　　）

⑤ 心が満たされる。
（　　　　）

つぎのページにつづくよ！

2 あてはまる漢字を書きましょう。 80点(1つ8)

① 君の〔ねつい〕が伝わる文章を書いてほしい。

② 〔あつ〕いスープを作るのを〔てつだ〕う。

③ カレンダーで〔しゅうぶん〕の日と〔とう〕至の日を調べる。

④ 区役所で、わたしのおじが〔はたら〕いています。

⑤ 母のパートの仕事は、〔じつどう〕四時間だ。

⑥ この町は、昔から〔さか〕えていたそうです。

⑦ 日ごろから実力を〔やしな〕う。

⑧ 〔まんげつ〕の夜は、いつもより明るい。

1 漢字の読みがなを書きましょう。

52点(一つ4)

① （　　　）　　（　　　）
奈良 のお寺で 梅 を見た。

② （　　　）　　　（　　　）
器楽 部のコンクールが 大阪 で行われた。

③ （　　　）（　　　）
夫婦 で、 愛媛 県まで出かけた。

④ （　　　）　　　　（　　　）
秋分 の日の夜、ちょうど 満月 だった。

⑤ （　　　）
土にふくまれる 養分 を調べた。

⑥ （　　　）
生徒 会の友達と遊びにでかけた。

⑦ （　　　）
夏休みは 長崎 県の祖父母の家で過ごした。

⑧ （　　　）
大分 県から九州旅行を始める。

⑨ （　　　）
食事のしたくの 手伝 いをした。

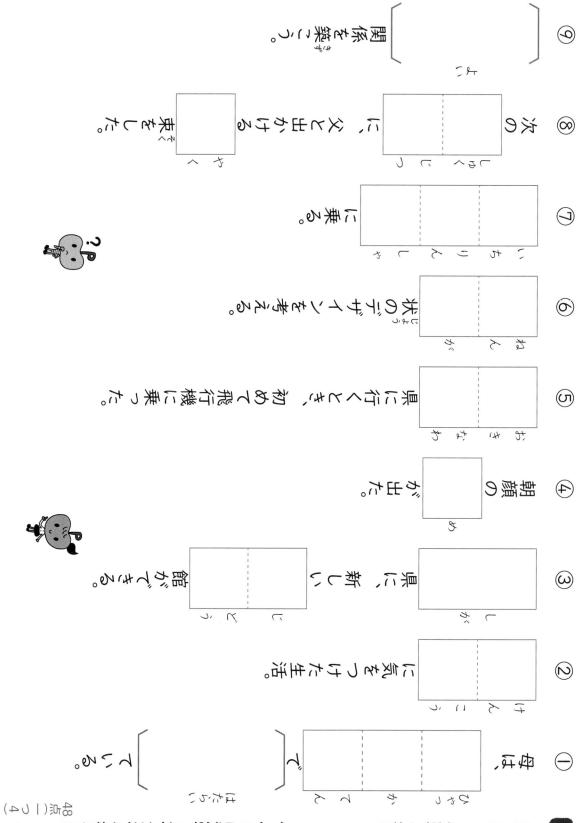

2

あてはまる漢字を書きましょう。〔　〕には漢字と平がなを書きましょう。

1つ4点(48点)

① 母は、□□〔はたら〕ている。（じ ょ う き ゃ く で ん）

② □□に気をつけた生活。（け ん こ う）

③ 県に、新しい□□館ができる。（し り ょ う と し ょ）

④ 朝顔の□が出た。（め）

⑤ □□県に行くとき、初めて飛行機に乗った。（お き な わ）

⑥ □□状のデザインを考える。（ね ん が）

⑦ □□□□に乗る。（い ち り ん し ゃ）

⑧ 次の□□□、父と出かける□〔やく〕束をした。（し ゅ う ま つ や く）

⑨ 関係を築く。（か ん け い　きず）

54

夏休みのホームテスト

28 四月から七月に習った
漢字と言葉 (1)

時間 20分
ごうかく80点
／100

答え117ページ

月　日

1 漢字の読みがなを書きましょう。

16点(一つ2)

① （　　　）友達 といっしょに帰る。

② （　　　）手紙が 速達 でとどく。

③ ごぼうは （　　　）根菜 です。

④ （　　　）熱帯 の鳥に行きたい。

⑤ 学校で ひなん （　　　）訓練 をする。

⑥ 気持ちを （　　　）伝 える。

⑦ 物語の （　　　）主要 な人物。

⑧ 市役所で （　　　）働 きたい。

2 あてはまる漢字を書きましょう。

24点(一つ3)

① 兄はせいがが □□（よ）い。

② □□（あいよう）の道具。

③ □□（しあい）に勝つ。

④ □□（しずか）に本を読む。

⑤ 日本新記録を □□（いわう）。

⑥ □□（せいこと）と話す。

⑦ 水で手を □□（きよめ）める。

⑧ 公えんの □□□（しょにち）。

↓うらのページにつづく→

3 次の二つの漢字の部首名を▭から選んで記号で書きましょう。

24点(1つ3)

① 間 関 （　　　）　　② 菜 花 （　　　）

③ 沖 泣 （　　　）　　④ 府 庚 （　　　）

⑤ 席 帯 （　　　）　　⑥ 類 順 （　　　）

⑦ 達 選 （　　　）　　⑧ 栄 梨 （　　　）

```
ア しんにょう    イ き       ウ くさかんむり
エ おおがい      オ はば     カ さんずい
キ まだれ        ク もんがまえ
```

4 次の言葉の反対の意味の言葉を〔　〕の漢字を組み合わせて書きましょう。

20点(1つ5)

① 起立 ⟷ （　　　）　　② 東西 ⟷ （　　　）

③ 平和 ⟷ （　　　）　　④ 病気 ⟷ （　　　）

〔 南　戦　康　席　北　健　着　争 〕

5 次の□に共通してあてはまる漢字を書きましょう。

16点(1つ4)

① □書・□典・□表 ▭　　② □内・□名・□答 ▭

③ 取□・題□・□木 ▭　　④ □明・伝□・□数 ▭

四月から七月に習った 漢字と言葉 (2)

時間 20分　ごうかく80点　／100
答え 117ページ
月　日

① ——線の漢字の読みがなを書きましょう。　16点(1つ2)

(1) ア 熱が下がる。（　　）
　　イ 熱い湯。（　　）

(2) ア 郵便の消印。（　　）
　　イ 印をつける。（　　）

(3) ア 野球の選手。（　　）
　　イ 代表を選ぶ。（　　）

(4) ア 光栄である。（　　）
　　イ 栄えた時代。（　　）

② 次の□に入る同じ音読みの漢字を書きましょう。　16点(1つ2)

カン
(1) 手の□覚（かく）
(2) 消化器□
(3) よい□係
(4) □光地

セイ
(5) □春ドラマ
(6) □長の記録
(7) 川の□流
(8) 絶対安□

③ 次の言葉を、漢字と送りがなで書きましょう。　18点(1つ3)

(1) かかわる （　　）
(2) かならず （　　）
(3) こころみる（　　）
(4) あらそう （　　）
(5) はたらく （　　）
(6) つつむ （　　）

4 次のそれぞれの府県名を書きましょう。　24点(1つ2)

① ［みやぎ　　　　　］県　② ［いばらき　　　　］県　③ ［かながわ　　　　］県

④ ［とちぎ　　　　　］県　⑤ ［ぎふ　　　　　　］県　⑥ ［しが　　　　　　］県

⑦ ［おおさか　　　　］府　⑧ ［なら　　　　　　］県　⑨ ［とっとり　　　　］県

⑩ ［えひめ　　　　　］県　⑪ ［おおいた　　　　］県　⑫ ［かごしま　　　　］県

5 次のそれぞれの漢字を、漢字辞典のさくいんで引きます。部首の画数を漢数字で書きましょう。　18点(1つ3)

① 節　（　　　　　）画　② 訓　（　　　　　）画

③ 輪　（　　　　　）画　④ 群　（　　　　　）画

⑤ 達　（　　　　　）画　⑥ 熱　（　　　　　）画

6 次の文の――線の漢字を、正しく直して書きましょう。　8点(1つ2)

① プリントの文章を、百字に要役してみましょう。　（　　　　　）

② 漢字の問題は、礼文をよく読んで考えましょう。　（　　　　　）

③ 君のいえを引用して、いの話をしこます。　（　　　　　）

④ わたしは、エジソンの電記を何度も読みました。　（　　　　　）

ぼくは川／あなたなら、どう言う／パンフレットを読もう

月　日

書いておぼえよう！

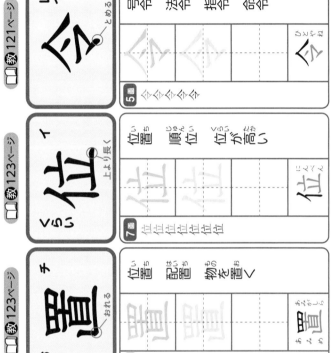

□教121ページ

レイ
とめる

ひとやね

号令
法令
指令
命令

5画　令令令令令

□教123ページ

くらい
イ
上より長く

位置
順位
位が高い

7画　位位位位

□教123ページ

お〈
チ
おれる

位置
配置
物を置く

13画　置置置置置置置置置置置置置

1 読みがなを書きましょう。

30点(1つ5)

① 命令 を受ける。（　　　）

② 指令 を出す。（　　　）

③ 入れる 位置 を決める。（　　　）

④ 十の 位 の数字を書く。（　　　）

⑤ ラジオを 置 く。（　　　）

⑥ 人員を 配置 する。（　　　）

読んでおぼえよう！

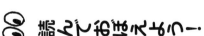
●…とくべつな読み方をする漢字

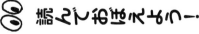

□教119ページ　真っ赤（まっか）
□教120ページ　お姉さん（おねえさん）

教科書 ⊥ 118〜125ページ

❷ あてはまる漢字を書きましょう。

70点（一つ10）

① 西の空が□□（まっか）な夕日にそまる。

② お□（ねえ）さんが家に帰ってきた。

③ 「五分で部屋をかたづける」という□□（しれい）が出される。

④ 兄はまるで軍隊のように、弟に□□（ごうれい）をかけた。

⑤ □（くらい）の高いお坊（ぼう）さんに話を聞いた。

⑥ このテストでは、□□（じゅんい）は発表されません。

⑦ ポスターの文字の□□（はいち）を考える。

ヒント ❷ ③・④「れい」の一画目と二画目は、はなして書かないように注意しましょう。

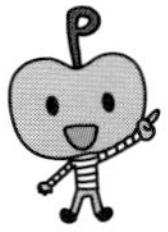

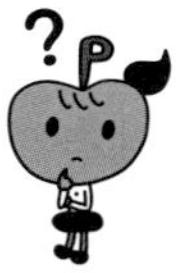

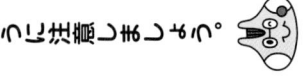

じゅう直したらいいかな
いろいろな意味をもつ言葉 (1)

時間 15分
ごうかく80点 ／100
サクッと こたえあわせ
答え 118ページ
月　日

書いておぼえよう！

教127ページ	漁 リョウ とめる	漁業 漁船 漁に出る	14画
教127ページ	浴 ヨク あびる あびせる とめる	入浴 浴室 日光を浴びる	10画
教129ページ	欠 ケツ かける かく はらう あく	出欠 欠席 月が欠ける	4画
教129ページ	卒 ソツ とめる	卒業式 新卒	8画
教129ページ	単 タン 長く	簡単 単位 単語 単調	9画

1 読みがなを書きましょう。

30点(1つ5)

① 漁 が終わる。

② 漁港 に船がもどる。

③ 日を 浴 びる。

④ 決め手を 欠 く。

⑤ 卒業式 に出席する。

⑥ 単行本 を買う。

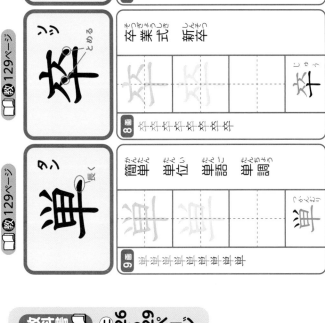

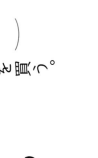

つぎのページにつづくよ！

❷ あてはまる漢字を書きましょう。

① おじの 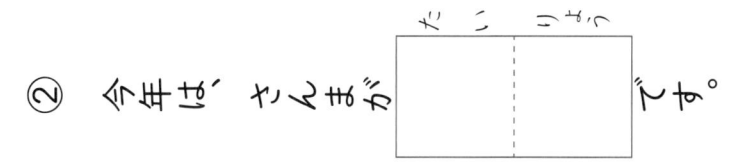 船に乗せてもらった。
（きせん）

② 今年は、さんまが 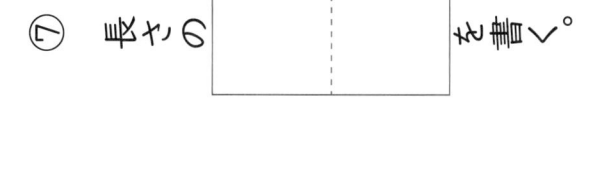 です。
（たいりょう）

③ 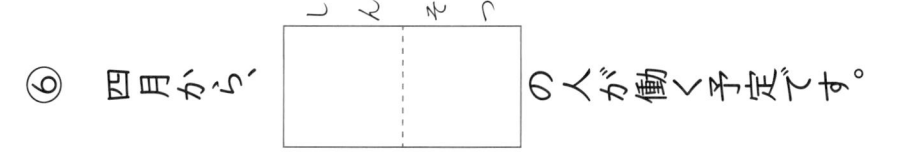 のそうじの手間を省（はぶ）く道具。
（よくしつ）

④ パーティーの 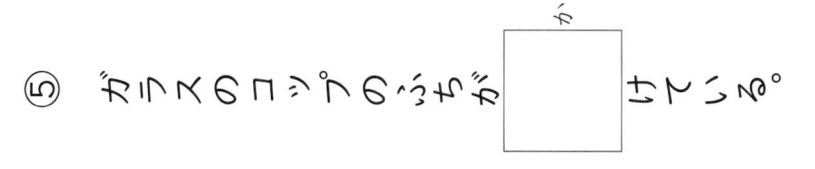 をたしかめる。
（しゅっけつ）

⑤ ガラスのコップのふちが 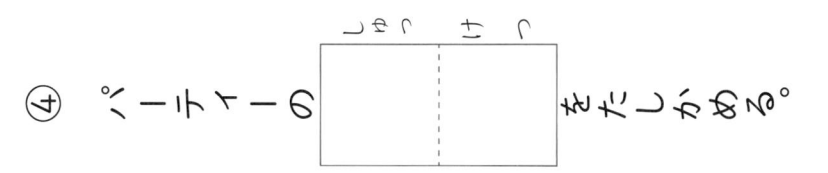 けている。
（か）

⑥ 四月から、  の人が働（はたら）く予定です。
（しんそつ）

⑦ 長さの 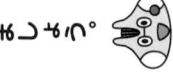 を書く。
（たんい）

いろいろな意味をもつ言葉 (2)

書いておぼえよう！

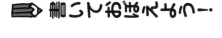

	ケツ むすぶ 短く	結け果か 結けっまる 結むすぶ ひもを 結ぶ
□教129ページ	結	12画 結結結結結結結結結結結結

	カ はは てる たす	結けっ果か 成せい果か 約やく果そくをた果はす
□教129ページ	果	8画 果果果果果果果果

	ケイ はなす	直ちょっ径けい 半はん径けい
□教129ページ	径	8画 径径径径径径径

	フク はねる	副ふく大だいじん臣 副ふく会かいちょう長 副ふくいんちょう院長
□教129ページ	副	11画 副副副副副副副副副副副

	ジン シン 出ない	家か臣しん 臣しんか下 副ふく大だいじん臣
□教129ページ	臣	7画 臣臣臣臣臣臣臣

1 読みがなを書きましょう。

① 結果 を 知る。（　　）

② 木 に ロープ を 結ぶ。（　　）

③ 使命 を 果たす。（　　）

④ 世界 の 果て を さがす。（　　）

⑤ 円 の 直径 を はかる。（　　）

⑥ 副大臣 に 会う。（　　）

⑦ 家臣 を 連れて 歩く。（　　）

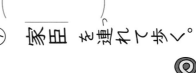

2 あてはまる漢字を書きましょう。 72点(1つ9)

① ［はん／きょう］□□は、みんなで仕事を分け合うこと。

② くつのひもをしっかりと［むす］□ぶ。

③ 大きな［か／じ］□□を木のえだからとした。

④ 大役を何とか［は］□たしとげた。

⑤ ものさしを使って円の［はん／けい］□□をはかる。

⑥ 児童かいの［ふく／かい／ちょう］□□□に選ばれた。

⑦ 将軍が［か／し／ん］□□□を集めて相談する。

⑧ 文部科学［だい／じ／ん］□□□が発表した内容の記事を読む。

いろいろな意味をもつ言葉
ローマ字を使いこなそう (1)(3)

時間15分　ごうかく80点　／100
答え118ページ
サクッとこたえあわせ

月　日

書いておぼえよう！

街　ガイ／まち　教129ページ　つけない　12画
商店街　街灯　街角

灯　トウ／ひ　教129ページ　出さない　6画
灯台　電灯　灯油

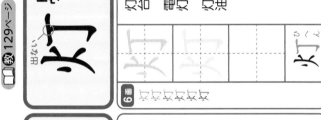

英　エイ　教131ページ　出る　8画
英語　英ゆう

参　サン／まいる　教131ページ　折れてはらう　8画
参加者　参考　お宮参り

読んでおぼえよう！

●…読み方が新しい漢字　＝…送りがな

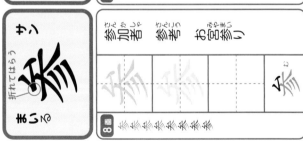

考　コウ　教131ページ　かんがえる

教科書　上128～131ページ

1 読みがなを書きましょう。

30点(1つ5)

① 街全体の様子を見る。

② 街灯が道を照らす。

③ 電灯がともる。

④ 英語を話す。

⑤ 英ゆうの伝記を読む。

⑥ 式に参列する。

②　あてはまる漢字を書きましょう。 70点(一つ10)

① <ruby>まち<rt></rt></ruby>□角にある広葉樹を見上げる。

② だくえんのうんてんに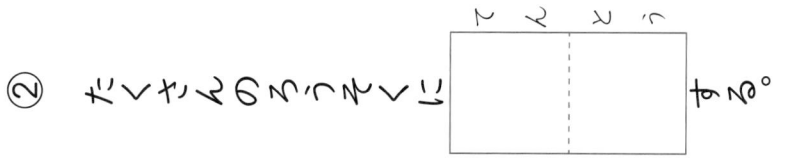する。

③ まぶしいので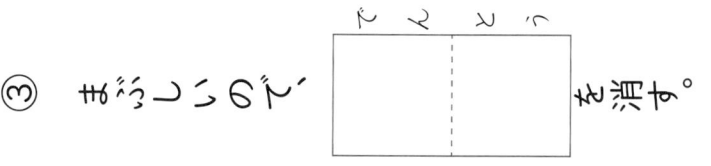を消す。

④ 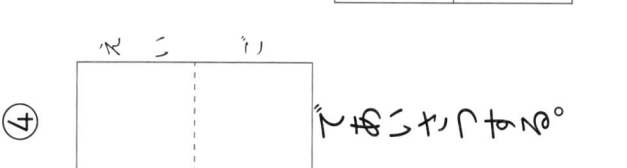であいさつする。

⑤ 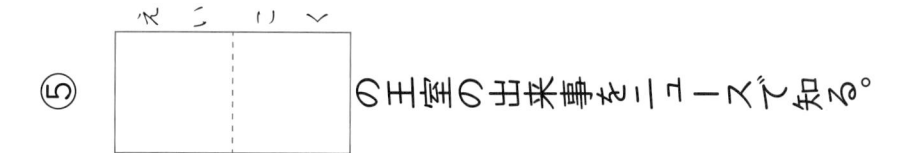の王室の出来事をニュースで知る。

⑥ 発表の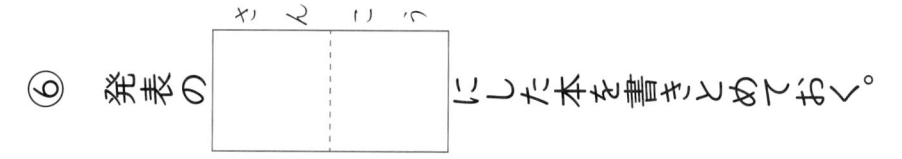にした本を書きとめておく。

⑦ 父は毎日、神社にお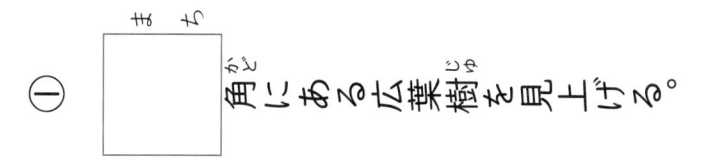りしている。

ロ―マ字を使いになろう ②

時間 15分　ごうかく80点　/100　答え118ページ

月　日

書いておぼえよう！

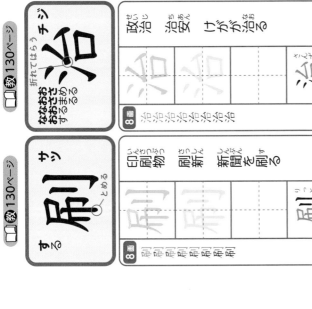

□教130ページ
唱　ショウ　となえる
合唱　暗唱　平和を唱える
11画

□教130ページ
塩　エン　しお
塩分　食塩　塩をふる
13画

□教130ページ
治　ジ　チ　おさめる　おさまる　なおる　なおす
政治　治安　けがが治る
8画

□教130ページ
刷　サツ　する
印刷物　刷新　新聞を刷る
8画

❶ 読みがなを書きましょう。

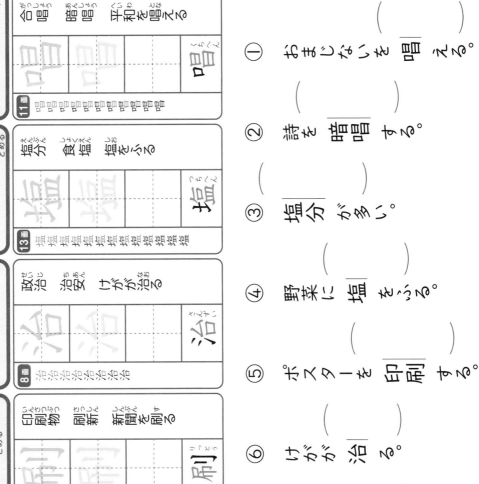

28点(1つ4)

① おまじないを 唱える。（　　　）

② 詩を 暗唱 する。（　　　）

③ 塩分 が多い。（　　　）

④ 野菜に 塩 をふる。（　　　）

⑤ ポスターを 印刷 する。（　　　）

⑥ けがが 治る。（　　　）

⑦ 町の 治安 を守る。（　　　）

② **あてはまる漢字を書きましょう。**　72点(1つ9)

① <u>が っ しょう</u>（　　）コンクールで歌う曲を決める。

② この曲は、母が好んで歌う<u>お こ しょう</u>（　　）歌だ。

③ <u>しょく えん</u>（　　）は分なめに入れてください。

④ 関取が土俵に<u>し お</u>（　）をまく。

⑤ 村を<u>お さ</u>（　）める村長に話を聞いた。

⑥ <u>じ ち かい</u>（　　）に加入する。

⑦ 先生方の顔ぶれも<u>さ っ しん</u>（　　）されました。

⑧ 国語のプリントを十まい<u>す</u>（　）る。

こんきつね （1）

時間 15分
ごうかく80点　／100
答え 118ページ

サワッとこたえあわせ

月　日

書いておぼえよう！

教13ページ
変　ヘン
かわる・かえる　（はらう）
9画
変化　変形　色が変わる

教13ページ
未　ミ
（長く）　（すえ）
5画
結末　文末　行く末

教14ページ
種　シュ
たね・（たねる）　（とめる）
14画
種類　種目　種子　菜種

教15ページ
続　ゾク
つづく・つづける　（短く）
13画
連続　接続語　話が続く

教21ページ
折　セツ
おる・おり・おれる　（はねる）
7画
左折　枝を折る　四季折々

読んでおぼえよう！

●…読み方が新しい漢字　＝…送りがな

教14ページ　家　ケ　や・いえ
教15ページ　小　ショウ　こ・お…

1 読みがなを書きましょう。
20点(一つ4)

① 気持ちが変化する。
（　　　）

② 結末を読む。
（　　　）

③ 菜種から油をとる。
（　　　）

④ 雨がふり続く。
（　　　）

⑤ 花が折られる。
（　　　）

つぎのページにつづくよ→

② あてはまる漢字を書きましょう。

②「句点」は、「。」のことね。

① 待ち合わせ場所を□〔か〕える。

② 〔ぶんまつ〕□□に句点をうつ。

③ 長い間考えた□〔すえ〕に、ようやく答えが出た。

④ 朝顔の□〔しゅし〕を観察する。

⑤ 地方にある古い百姓□〔や〕をたずねる。

⑥ 三回連□〔ぞく〕くじが当たった。

⑦ 近くの□〔おがわ〕でメダカを見つけた。

⑧ 交差点でオートバイが左□〔せつ〕する。

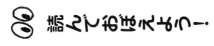

✍ 書いておぼえよう！

□教23ページ

セキ
つむ・つもる 積 長く
16画

積積積積積積積積積積積

せっきょくてき 積極的
めんせき 面積
ゆきが積もる 雪が積もる

□教25ページ

ショウ
まつ 松 とめる
8画

松松松松松

しょうちくばい 松竹梅
まつたけ 松たけ
まつばやし 松林

□教26ページ

フ・ブ
不 とめる
4画

不不不

ふじゆう 不自由
ふしぎ 不思議
ぶきみ 不気味

□教26ページ

ギ
議 わすれずに
20画

議議議議議議議議議議議議議議議議議議

ぎだい 議題
ふしぎ 不思議
かいぎ 会議

□教27ページ

サ
さす 差 はらう
10画

差差差差差差差差差

てんさ 点差
こうさてん 交差点
日が差す

👀 読んでおぼえよう！

●…読み方が新しい漢字　＝…送りがな

教26ページ
思 おもう シ

1 読みがなを書きましょう。
20点(一つ4)

① 荷物を積む。
（　　　　）

② 松たけを持っていく。
（　　　　）

③ 不思議な話を聞く。
（　　　　）

④ 議題について語る。
（　　　　）

⑤ 明かりが差す。
（　　　　）

→つぎのページにつづくよ！

②　あてはまる漢字を書きましょう。　80点(一つ10)

① 広さのにわを、〔めんせき〕をはかります。

② 〔まつばやし〕の中をゆっくり歩く。

③ 〔ふしぎ〕なゆめを見た。

④ 弟が体の〔ちょうし〕をうったえる。

⑤ 先生たちが〔かいぎ〕のために集まった。

⑥ 話し合いの前に、〔ぎちょう〕を決めることにした。

⑦ 〔こうさてん〕の前で、安全をたしかめよう。

⑧ 部屋のおくまで光が〔さ〕しこんでくる。

ごんぎつね (3)
言葉を分類しよう

✏ 書いておぼえよう！

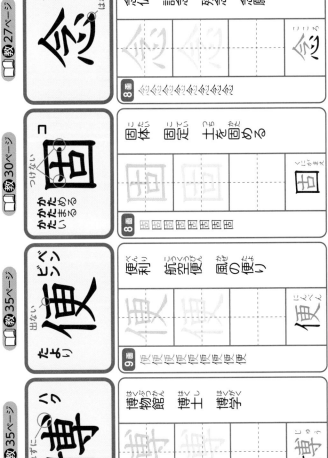

□数27ページ
念 ネン・はねる
念仏　記念　残念　念願
8画　念念念念念念念念

□数30ページ
固 コ・かためる・かたまる・かたい
固体　固定　土を固める
8画　固固固固固固固固

□数35ページ
便 ベン・ビン・たより・出ない
便利　航空便　風の便り
9画　便便便便便便便便便

□数35ページ
博 ハク・わすれずに
博物館　博士　博学
12画　博博博博博博博博博博博博

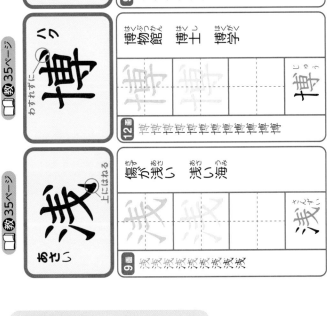

□数35ページ
浅 セン・あさい・上にはねる
傷が浅い　浅い海
9画　浅浅浅浅浅浅浅浅浅

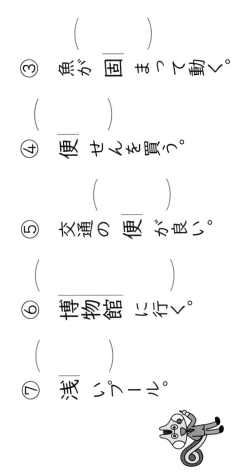

1 読みがなを書きましょう。

28点(1つ4)

① お念仏を唱える。

② 記念の品。

③ 魚が固まって動く。

④ 便せんを買う。

⑤ 交通の便が良い。

⑥ 博物館に行く。

⑦ 浅いプール。

↓つるのぐん～だいじゅうかくへ

② あてはまる漢字を書きましょう。　72点(1つ9)

① 六年生が 卒業 □□（きねん）に梅の木を植えた。

② 父は、正しいと思ったことを実行する □□（しんねん）の人だ。

③ このつくえは、ゆかに □□（こてい）されています。

④ 友達と □（かた）い約束をかわした。

⑤ おじいさんは、交通が □□（ふべん）な場所に住んでいる。

⑥ 風の □（たよ）りで友達のことを知る。

⑦ □□□□（はくぶつかん）で化石を見る。

⑧「風のたより」は、どこからともなくながれてくるうわさのことだよ。

⑧ 泳ぎが苦手なので、□（あさ）いプールで練習する。

まとめ
ドリル
38

ぼくは川～言葉を分類しよう

時間 15分
ごうかく 80点
/100

答え 118ページ

月 日

1 漢字の読みがなを書きましょう。

52点(1つ4)

① 折りづるを送る。

② きれいな便せんで手紙を書く。

③ 卒業式に全員で歌を合唱する。

④ 電灯の明かりがまぶしい。

⑤ 松林の向こうに海が見える。

⑥ 指令を受けて正しい場所に箱を置く。

⑦ 試合までにけがを治したい。

⑧ 外国の副大臣と英語で会話する。

⑨ 単行本を買ってきて、結末まで読んだ。

48（4じ1）

2 あてはまる漢字を書きましょう。

① 新しいポスターを□□□□する。（し・き・ん・に）

② □□□な体験をした話を聞く。（ぶ・し・き）

③ □□□な□□□をもぎ取る。（ま・し・か／し・じ・か）

④ 本を読んで□□□にする。（か・ん・い・う）

⑤ レースの□□□を予想する。（じ・ん・に）

⑥ □□□□で昔の草花の□□□を見る。（は・く・し・か・ん／し・ゆ・し）

⑦ □□□で切手を買う。（き・ね・ん）

⑧ □□□□の□□□はとても大きい。（し・が・い・ち／め・ん・せ・き）

⑨ □に出ていた船が帰ってきた。（こう）

漢字を正しく使おう (1)

時間 15分　ごうかく80点　/100　答え118ページ

サクッと こたえ あわせ

書いておぼえよう！

教36ページ	ソウ くら	倉 横に	倉倉	倉庫 穀倉地帯 米倉	ひとやね 倉	10画 倉倉倉倉倉倉倉倉倉倉
教36ページ	サツ ふだ とめる	札	札札	お札 表札 名札 立て札 しくへん 札	5画 札札札札
教36ページ	ソン まご はねる	孫	孫孫	子孫 孫 初孫 孫の手 こへん 孫	10画 孫孫孫孫孫孫孫孫孫孫
教36ページ	コウ 出る	功	功功	成功 功労 年功 功名 ちから 功	5画 功功功功
教36ページ	カ くわえる くわわる はねる	加	加加	参加者 仲間に加える ちから 加	5画 加加加加

1 読みがなを書きましょう。

28点(1つ4)

① 倉庫 に運ぶ。（　　　　）

② 倉 にしまう。（　　　　）

③ 名札 を付ける。（　　　　）

④ おばあさんの 孫 たち。（　　　　）

⑤ 初めて 成功 する。（　　　　）

⑥ 参加者 が集まる。（　　　　）

⑦ 試合に 加 わる。

② あてはまる漢字を書きましょう。

① （いね｜くら）◻️◻️ をねずみから守る。

② げんかんに（ひょう｜さつ）◻️◻️ を出す。

③ 森の入り口にある立て（ふだ）◻️ を見る。

④ 自然（しぜん）では（しぜん）◻️◻️ を残すための工夫がなされている。

⑤ （はつ｜まご）◻️◻️ が生まれたことを喜（よろこ）んでいる。

⑥ 新しくおこした会社が（せい｜こう）◻️◻️ する。

⑦ サッカーのチームに（か｜にゅう）◻️◻️ する。

⑧ スープに塩を（くわ）◻️ えすぎた。

漢字を正しく使おう (2)

書いておぼえよう!

牧　ボク　とめる
教36ページ

牧場 ぼくじょう	放牧 ほうぼく	牧草 ぼくそう	遊牧 ゆうぼく
牧	牧		牧地 ぼくち

8画　牧牧牧牧牧牧牧牧

借　シャク　かりる
教37ページ

借用 しゃくよう	借金 しゃっきん	本を借りる ほんをかりる
借	借		借家 しゃくや

10画　借借借借借借借借借借

1 読みがなを書きましょう。

30点(1つ5)

① 牧場 での体験学習。
（　　　　　　）

② 牛を放牧する。
（　　　　　　）

③ 牧草を食べる牛。
（　　　　　　）

④ 本を借りる。
（　　　　　　）

⑤ お金を借りる。
（　　　　　　）

⑥ 借家に住む。
（　　　　　　）

読んでおぼえよう!

●…読み方が新しい漢字　＝…送りがな

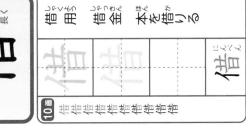

教37ページ 読 トク・トウ・ドク よむ	教37ページ 明 メイ・ミョウ あかり・あかるい・あかるむ・あからむ・あきらか・あける・あく・あくる・あかす	教37ページ 米 ベイ・マイ こめ
教37ページ 戸 コ と	教37ページ 木 ボク・モク き・こ	教37ページ 半 ハン なかば

↑つぎのページにつづくよ！

教科書 下36〜37ページ

❷ あてはまる漢字を書きましょう。

70点(1つ7)

① ◻◻（みょう・にち）◻◻（ぼく・じょう）で牛の世話を体験する。

② 広い草原を利用して ◻◻（ゆう・ぼく） をしている。

③ 保管されている ◻◻（ひょう・ほん） を見せてもらう。

④ ◻（か）りた本を ◻（なか）ばまでよんだ。

⑤ ◻◻（しゃく・よう）している土地の畑をたがやす。

⑥ おじいちゃんの家は ◻◻（ぼく・ちく） をいとなむ農家です。

⑦ 雨続きで ◻◻（こ・がい） で遊べないのが残念だ。

⑧ 子どもたちが ◻（り）がけで輪になっておどっている。

いろいろな漢字が
ありますね。

ヒント ❷ ④「かりる」⑤「つくす」の反対の意味の言葉は「貸す」です。

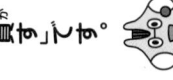

クラスみんなで決めるには

時間 15分	ごうかく80点	/100

答え 118ページ

月　日

書いておぼえよう！

挙 キョ／あげる／あがる

はねる

選挙　挙手　例を挙げる

10画 挙挙挙挙挙挙挙挙挙挙

協 キョウ／とめる

協力　協会　協調

8画 協協協協協協協

極 キョク／ゴク／はねる

積極的　消極的　南極

12画 極極極極極極極極極極極極

求 キュウ／もとめる／はねる

要求　求人　追い求める

7画 求求求求求求求

1 読みがなを書きましょう。

30点(1つ5)

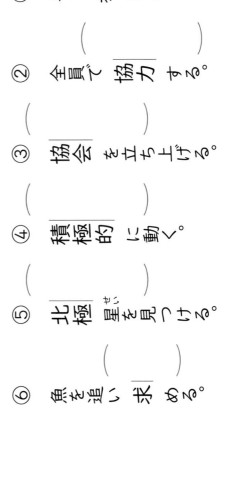

① 手を 挙 げる。　（　　　）

② 全員で 協力 する。　（　　　）

③ 協会 を立ち上げる。　（　　　）

④ 積極的 に動く。　（　　　）

⑤ 北極 星を見つける。　（　　　）

⑥ 魚を追い 求 める。　（　　　）

「求」のさいごの「、」を
書きわすれないように
しましょう。

81

↓このページ につづきます

❷ あてはまる漢字を書きましょう。

① 外で遊びたい人は 〔きょうしゅ〕 にいてください。

② 多数の例を 〔あ〕 げて説明する。

③ 二つの学校が 〔きょうちょう〕 してイベントを開いた。

④ みんなで 〔きょうりょく〕 した結果、そうじが早く終わった。

⑤ 〔なんきょく〕 大陸は、どの国のものでもありません。

⑥ 新しい案に対しては、 〔しょうきょくてき〕 な意見が多かった。

⑦ 海の上でゆれない船体をつくることを 〔ようきゅう〕 する。

ワンポイント ❷ ⑤・⑥「きょく」の六画目に注意して書きましょう。

きほんのドリル 42。 未来につなぐ工芸品

時間 15分　ごうかく80点　/100　答え119ページ　月　日

✏️ 書いておぼえよう！

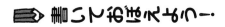

教47ページ **未** ミ　短く

未来　未知　未完成　未満

5画 未未未未未

教47ページ **芸** ゲイ　上下長く

手芸　学芸会　園芸　芸当

7画 芸芸芸芸芸芸芸

教48ページ **各** カク　はらう

各段落　各地　各国

6画 各各各各各各

教50ページ **料** リョウ　とめる

資料　料理　料金　有料

10画 料料料料料料料料料料

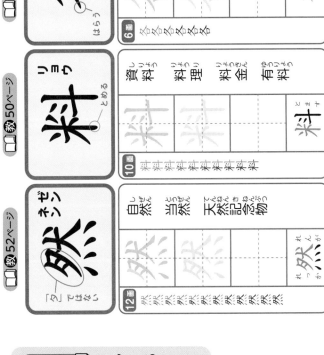

教52ページ **然** ゼン・ネン　「ノ」ではなう

自然　当然　天然記念物

12画 然然然然然然然然然然然然

👓 読んでおぼえよう！

●…読み方が新しい漢字

教52ページ **自** シ

❶ 読みがなを書きましょう。
20点(一つ4)

① 未来 の社会。
（　　　　）

② 伝統 工芸品
（　　　　）

③ 各地 の池を調べる。
（　　　　）

④ 資料 を見てみる。
（　　　　）

⑤ 当然 の結果。
（　　　　）

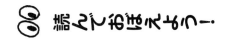

うらにも もんだいが つづくよ！

教科書 📖 下47〜55ページ

❷ あてはまる漢字を書きましょう。

① ┌─み─┬─ち─┐ の生物が、近くの海で発見された。

② ┌─み─┬─まん─┐ と以下を使い分けよう。

③ 草花を育てる ┌─えん─┬─げい─┐ について教えてもらう。

④ ぶつうの選手にはできない ┌─けい─┬─とう─┐ をやってのけた。

⑤ ┌─かく─┐ 段落の要点をまとめる。

⑥ ここから先は、 ┌─ゆう─┬─りょう─┐ のエリアです。

⑦ ┌─てん─┬─ねん─┐ の魚は、とてもおいしい。

⑧ この辺り は ┌─し─┬─ぜん─┐ がゆたかだ。

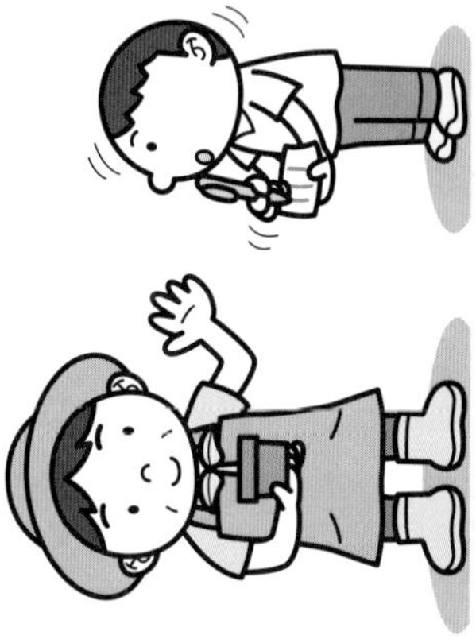

きほんの
ドリル
43
慣用句
短歌・俳句に親しもう□

時間15分　ごうかく80点　/100
答え119ページ
月　日
サワっと　こたえ　あわせ

✏️ 書いておぼえよう！

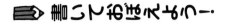

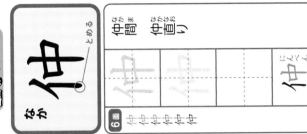
教61ページ　なか　仲（とめる）　仲間　仲直り　6画

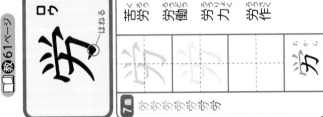
教61ページ　ロウ（はねる）　苦労　労働　労力　労作　7画

教61ページ　やく・やける（上にはねる）　魚を焼く　日に焼ける　12画

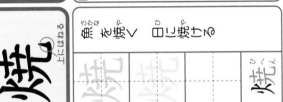
教61ページ　レイ（とめる）　ひやす・ひや・ひえる・ひやかす・つめたい・さめる・さます　冷静　冷たい　冷やす　7画

教63ページ　ショウ（はねる）　てる・てらす・てれる　照明　照合　日が照る　13画

👀 読んでおぼえよう！

●…読み方が新しい漢字

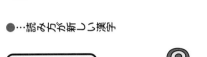
教62ページ　色　ショク・シキ・いろ

1 読みがなを書きましょう。
20点(一つ4)

① 仲を取り持つ。

② 苦労を共にする。

③ 世話を焼く。

④ 冷たい風がふく。

⑤ 日照りが続く。

→うらのページにつづくよ！

② あてはまる漢字を書きましょう。

80点（一つ10）

① 友達と、すぐに［なかなお］りした。

② ［ろうりょく］のかかる仕事は、みんなで助け合う。

③ 鉄板で肉を［や］く。

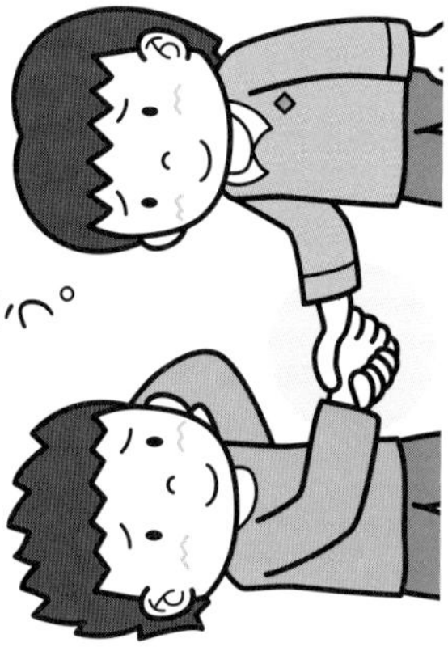

④ 外の［れいき］が部屋に入らないようにする。

⑤ おふろにつかって、［ひ］えた体を温める。

⑥ 料理が［さ］めないうちに、いただこう。

⑦ 暗雲が、町を［て］らす月をかくした。

⑧ ［こんじき］のお堂（どう）をつくるための費（ひ）用におどろく。

ヒント ② ④「れい」⑤「ひえる」⑥「さめる」の「冫」を「氵」と書かないように注意しましょう。

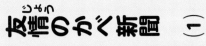

書いておぼえよう！

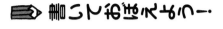

教65ページ

好　コウ　すく　このむ　はねる　6画

友好　花を好む　好きな色

教66ページ

最　サイ　もっとも　はらう　12画

最高　最後　最も強い

教68ページ

省　セイ　ショウ　はぶく　はねる　9画

帰省　省略　説明を省く

教69ページ

課　カ　とめる　15画

課題　日課　放課後

教69ページ

無　ム　ブ　ない　12画

無理　無事　無い物ねだり

読んでおぼえよう！

●…読み方が新しい漢字　＝…送りがな

教65ページ

正　セイ　ショウ　ただしい　ただす

1 読みがなを書きましょう。

20点（一つ4）

① 自転車が 好きです。

② 最初 の言葉。

③ ふるさとに 帰省 する。

④ 放課後 に集まる。

⑤ 無形 文化遺産となる。

２ あてはまる漢字を書きましょう。

① 二つの国が〔ゆうこう〕を深め合う。

② 虫によって〔この〕む木や草はちがう。

③〔せいはんたい〕の方向に進んでしまった。

④ この駅から〔もっと〕も近い中学校はどこですか。

⑤ 昨日の行動について〔はんせい〕する。

⑥ 犬の散歩は、わたしの〔にっか〕です。

⑦ こすれたら、みんな〔むくち〕になった。

⑧ きっぷを〔なく〕してしまった。

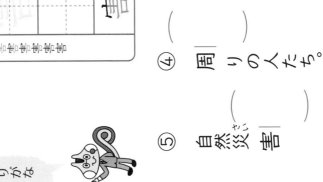

きほんのドリル 45

友情のかべ新聞
もしものときにそなえよう
冬の楽しみ（2）

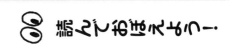

時間 15ふん
ごうかく80点
／100
答え 119ページ

月　日

📖 書いておぼえよう！

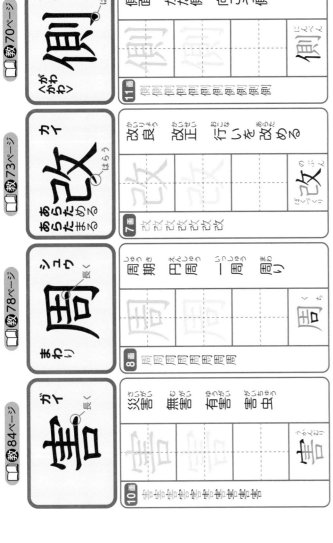

〔教70ページ〕
側
〈かわ〉
〈はねる〉
11画
向こう側・右側・かた側・外面・左側
にんべん

〔教73ページ〕
改
カイ
あらためる・あらたまる
〈はらう〉
7画
改めて行い改正・改良
ぼくづくり

〔教78ページ〕
周
シュウ
まわり
〈長く〉
8画
周り・一周・円周・周期
くち

〔教84ページ〕
害
ガイ
〈長く〉
10画
虫害・有害・無害・災害書
うかんむり

👀 読んでおぼえよう！

●…読み方が新しい漢字　＝…送りがな

〔教76ページ〕
直
チョク・ジキ
なおす・なおる・ただちに

〔教87ページ〕
雨
ウ
あめ・あま

〔教91ページ〕
元
ゲン・ガン
もと

❶ 読みがなを書きましょう。
20点（一つ4）

① 建物の 南側 に 寄る。
（　　　　　）

② 文章を 改行 する。
（　　　　）

③ 改 めて考えてみる。
（　）

④ 周 りの人たち。
（　）

⑤ 自然 災害
（　　　　）

「改める」は送りがな
に気をつけましょう。

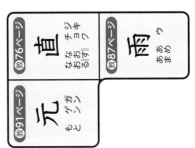

② あてはまる漢字を書きましょう。

80点(1つ10)

① 湯のみの〔そくめん〕に松竹梅の絵がかかれている。

② 校長先生の〔みぎがわ〕にすわっている人はだれですか。

③ 〔かこきつ〕を出したというので待ち合わせをする。

④ あの人はとても〔しょうじきもの〕だ。

⑤ 運動場を〔いっしゅう〕する時間を計る。

⑥ わが家は〔がいちゅう〕の発生にこまっている。

⑦ 〔ふうう〕の強い日だった。

⑧ 〔がんじつ〕に初もうでに行った。

ポイント ⑥「がい」の五画目は下につきぬけないようにしましょう。

1 漢字の読みがなを書きましょう。

52点(1つ4)

① 公害 の問題について学習する。
（　　　　　）

② 学校の 周 りを走る。
（　　　　　）

③ 参加者 といっしょに 料理 をする。
（　　　　）　　　（　　　　）

④ たくさんの牛がいる 牧場 に行く。
（　　　　）

⑤ 弟の 好物 は 焼 き魚だ。
（　　　）（　　　）

⑥ 未来 の乗り物を考える。
（　　　　）

⑦ 冷 える日が多くなってきた。
（　　　　）

⑧ 仲間 全員で 協力 して作り上げた。
（　　　　）（　　　　）

⑨ ふるさとに 帰省 してきた 孫 に会う。
（　　　　　）（　　　　）

2 あてはまる漢字を書きましょう。

① □□□ にちょうしんに遊びます。

② ゆたかな □□ を守る。

③ □□ して □□ だんらくに分ける。

④ パソコンで □□□ をしている。

⑤ □ いますか。食べたものは何ですか。

⑥ □□□□ に三人でおふろにはいっています。

⑦ 気温が低くて □□ もひくい。

⑧ □□ な作戦が □□ した。

⑨ □□ のかかる作業を □□ れる。

時間 20分　ごうかく80点　／100

答え119ページ

月　日

① 漢字の読みがなを書きましょう。

24点(1つ3)

① 本部から 指令 を受ける。

② 卒業式 であいさつをする。

③ 挙動 が注目されている。

④ 言葉を 借 りる。

⑤ 小国を 治 める王。

⑥ 好 きな色を選ぶ。

⑦ 南極 へ行ってみたい。

⑧ 仲間 とのきずなが深い。

② あてはまる漢字を書きましょう。

24点(1つ3)

① コップが□ける。
か

② くつのひもを□ぶ。
むす

③ かさを□りたたむ。
お

④ 両者には□がない。
さ

⑤ 重さの□□。
たんい

⑥ 練習の□□が出る。
せいか

⑦ 今年は□□が多い。
せきせつ

⑧ いただいた魚を□く。
や

↓うらのページにつづくよ

★⑤ 次の文の──線の漢字を、正しく書き直しましょう。　16点(1つ4)

① 冬休みの科題は、早く終わらせようと思う。　（　　　）

② 縄とび大会で、新記録を出す人が続出した。　（　　　）

③ 児童会の福会長と、話し合って決める。　（　　　）

④ 勉強しなければ、テストの点が悪いのは当前だ。　（　　　）

★④ 次の音読み・訓読みをする漢字の□に入る部分を書きましょう。　18点(1つ3)

① ｛カ／くわ-える｝　加 □

③ ｛つ-い／あたい｝　メ □

⑤ ｛まつ／すえ｝　末 □

② ｛たい／だい｝　イ □

④ ｛まい／セン｝　子 □

⑥ ｛たね／ショ｝　末 □

★③ 次の上と下の──線の熟語は同じ読み方をします。□に入る漢字を書きましょう。　18点(1つ3)

① 試行──深く□□する。　□

③ 強調──□性がある。　□

⑤ 店頭──照明を点□する。　□

② 進化──□下の礼をとる。　□

④ 大量──サケが大□だ。　□

⑥ 市外──市□地の開発だ。　□

九月から十一月に習った
漢字と言葉 (2)

❶ 次のア・イの文の□にあてはまる漢字を書き、二つの漢字に共通する部首名を□から選んで書きましょう。

24点(1つ2)

① ア 会□（ぎ）に出る。
　 イ 散歩が日□（か）だ。
　 部首名（　　　）

② ア 水深が□（あ）（さ）い。
　 イ シャワーを□（あ）びる。
　 部首名（　　　）

③ ア □（えい）語を学ぶ。
　 イ 学□（げい）会の出し物。
　 部首名（　　　）

④ ア □（む）料でもらう。
　 イ 天□（ねん）資源。
　 部首名（　　　）

> れんが　てきがんむり　にくへん　さんずい　ひくん　ごんべん

❷ 次の――線の漢字の読みがなを書きましょう。

24点(1つ3)

① ア（　　　）　イ（　　　）
　 お ア姉 さんと イ仲 が良い。

② ア（　　　）　イ（　　　）
　 海に出て ア漁 を イ続 ける。

③ ア（　　　）　イ（　　　）
　 神社のお ア札 を イ求 める。

④ ア（　　　）　イ（　　　）
　 手を ア挙 げて詩を イ唱 える。

3 次の〈例〉では矢印の向きに読む熟語ができます。〈例〉と同じきまりで、□にあてはまる漢字を考えて書きましょう。　18点(1つ6)

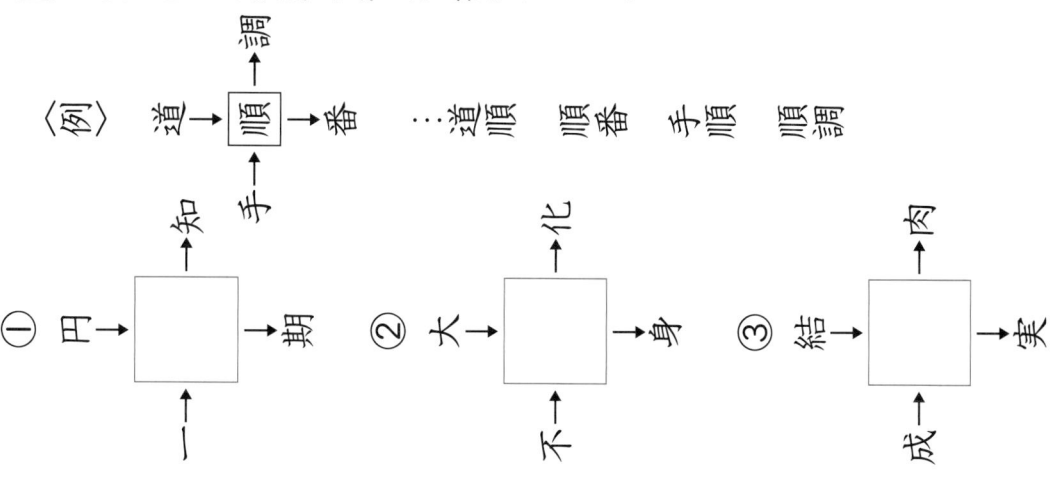

〈例〉　道→順→番　…道順　順番　手順　順調

① 一→□←円　□→知　□→期
② 不→□←大　□→化　□→身
③ 成→□←結　□→肉　□→実

4 次のア・イの漢字の総画数が多い方の記号を書き、総画数が同じ場合はウと書きましょう。　18点(1つ3)

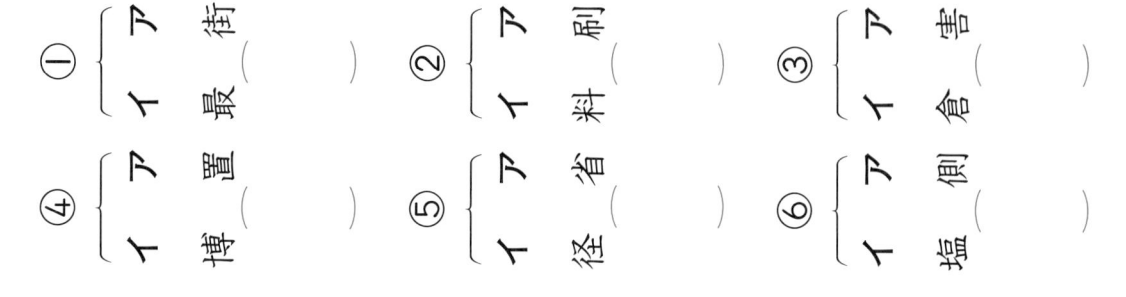

① ア　街　イ　最　（　　）
② ア　刷　イ　料　（　　）
③ ア　書　イ　倉　（　　）
④ ア　置　イ　博　（　　）
⑤ ア　省　イ　径　（　　）
⑥ ア　側　イ　塩　（　　）

5 次の各文中に、まちがっている漢字が1字ずつあります。まちがっている漢字と、正しい漢字を書きましょう。　16点((完答)1つ4)

まちがい → 正しい

① 今日は、植物の話が聞けないのが残年です。　□→□

② 四年生から児童会の集会に参賀できます。　□→□

③ 地図を開いて、今いる以置を調べる。　□→□

④ 品種を回良して、実きに強いイネを作る。　□→□

きほんの
ドリル
49。
自分だけの詩集を作ろう
言葉から連想を広げて
熟語の意味 (1)

時間 15分
ごうかく80点
/100
サクッと
こたえ
あわせ
答え 119ページ
月　日

書いておぼえよう!

共 キョウ　とも

つけない

共に行く　共同　共感

6画　共共共共共

□教93ページ

連 レン　つらなる　つらねる　つれる

とめる

連れ立つ　山が連なる　連続

10画　連連連連連連連連連連

□教94ページ

願 ガン　ねがう

はねる

幸せを願う　念願　願望

19画　願願願願願願願願願願願願願願願願願願願

□教97ページ

読んでおぼえよう!

●…読み方が新しい漢字　＝…送りがな

木 こずえ（教96ページ）モク	刀 かたな（教96ページ）トウ	星 ほし（教96ページ）セイ	竹 たけ（教96ページ）チク
林 はやし（教96ページ）リン	力 ちから（教96ページ）リョク	言 いう（教96ページ）ゴン	

1 読みがなを書きましょう。

28点(1つ4)

① 共通点を集める。
（　　　　）

② 共に出かける。
（　　　　）

③ 連れ立って行く。
（　　　　）

④ 山が連なる。
（　　　　）

⑤ 連続で当たる。
（　　　　）

⑥ 念願がかなう。
（　　　　）

⑦ 健康を願う。
（　　　　）

↓うらのページにつづくよ!

72点(1つ8)

②　あてはまる漢字を書きましょう。

① キャンプで（とも）□□に生活する。

② （れんきゅう）□□のすごし方も十人十色です。

③ 向いうに（つら）□なる山脈を見てください。

④ （ちくりん）□□の少し開けた場所で（ほ　とう）□□のすぶりをする。

⑤ 兄がとった（りゅうせい）□□群の写真は、なかなかのけっ作だ。

⑥ 父は（じんりき）□□の飛行機開発に取り組んでいる。

⑦ 姉からの（でんごん）□□を聞く。

⑧ 世界平和への（ねが）□いがこめられた作品。

時間 15分　ごうかく80点　/100　答え 119ページ　月　日

書いておぼえよう！

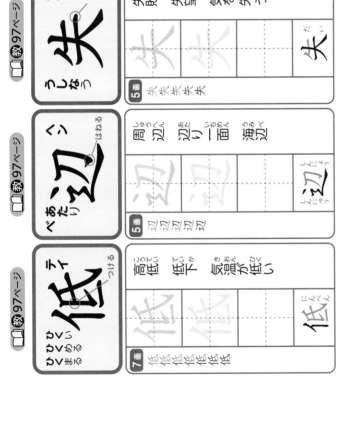

□教97ページ　望　ボウ／のぞむ
希望　望遠鏡　平和を望む
11画

□教97ページ　失　シツ／うしなう
失敗　失望　気を失う
5画

□教97ページ　辺　ヘン／あたり・べ
周辺　辺り　一辺　海辺
5画

□教97ページ　低　テイ／ひくい・ひくめる・ひくまる
高低　低下　気温が低い
7画

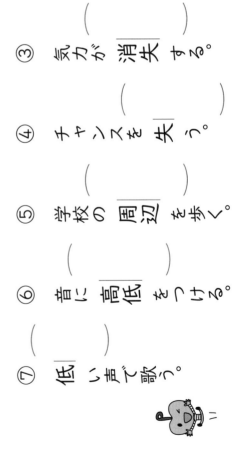

1 読みがなを書きましょう。

28点(1つ4)

① 人望 がある。

② 晴れることを 望 む。

③ 気力が 消失 する。

④ チャンスを 失 う。

⑤ 学校の 周辺 を歩く。

⑥ 音に 高低 をつける。

⑦ 低 い声で歌う。

→うらのページにつづくよ。

教科書　下 96〜97ページ

❷ あてはまる漢字を書きましょう。 72点(1つ9)

① 部屋の窓(まど)から海を[の ぞ]む。

② たとえ結果が悪くても[し っ ば う]するなよ。

③ 目をはなしたら、虫を[み う しな]ってしまった。

④ 駅の[あ た]りを歩き回る。

⑤ [う み べ]のレストランに行った。

⑥ その店はたしかの[き ん ぺ ん]だったと思う。

⑦ 気温が[ひ く]いので部屋をあたためる。

⑦「ひくい」の反対は「高い」ですね。

⑧ 数値がだんだん[て い か]している。

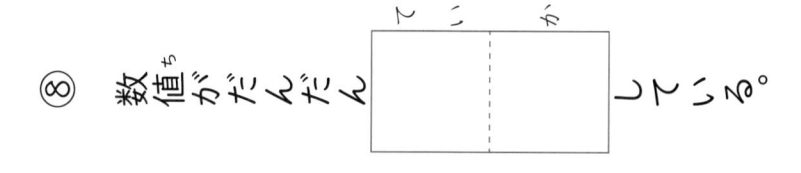

熟語の意味 （3）

サウンド こたえ あわせ

時間 15分　ごうかく80点　／100　答え120ページ

月　日

書いておぼえよう！

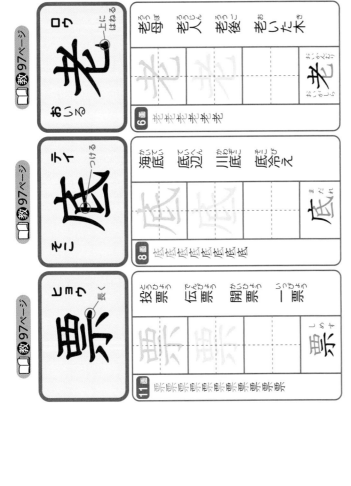

□教97ページ
敗 ハイ・やぶれる・とめる
失敗　敗北　試合に敗れる
11画

□教97ページ
老 ロウ・おいる・おいる・上におはねる
老母　老人　老後　老いた木
6画

□教97ページ
底 テイ・そこ・つける
海底　底辺　川底　底冷え
8画

□教97ページ
票 ヒョウ・長く
投票　伝票　開票　一票
11画

1 読みがなを書きましょう。

30点(1つ5)

① 試合の勝敗を聞く。　（　　　　）

② 争いに敗れる。　（　　　　）

③ 老木を集めている。　（　　　　）

④ 老いを感じる。　（　　　　）

⑤ コップの底。　（　　　　）

⑥ 開票に立ち会う。　（　　　　）

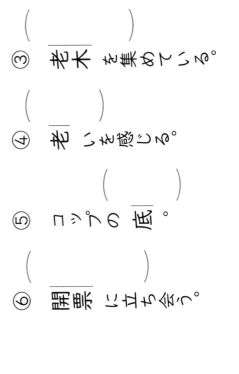

② あてはまる漢字を書きましょう。

70点(一つ10)

① 一点差で、おしくも [やぶ] れた。

② 一度 [しっぱい] してもあきらめない。

③ 気持ちが若(わ)ければ [お] いることはない。

④ 戦争を体験(けん)した [ろうじん] に話を聞く。

⑤ [かわぞこ] から、小石を拾ってくる。

⑥ 直方体の [ていめん] のめん積を求める。

⑦ ようやく選挙の [かいひょう] が始まった。

 ヒント ②①「やぶれる」は、試合や勝負に負けることです。意味を考えて使いましょう。

時間 15分
ごうかく80点 ／100
答え 120ページ
サクッとこたえあわせ
月 日

書いておぼえよう！

教97ページ				
陸 リク 上より長く	上陸 陸地 着陸 大陸			りく
11画 陸陸陸陸陸陸陸陸陸陸				

教97ページ				
管 カン たてに くだ	管理 試験管 ゴムの管			かん
14画 管管管管管管管管管管管管管管				

教97ページ				
衣 イ ころも	衣料品 衣服 衣食住			ころも
6画 衣衣衣衣衣				

1 読みがなを書きましょう。

30点（1つ5）

① 飛行機が着陸（　　　）する。

② 北アメリカ大陸（　　　）。

③ 作品を保管（　　　）する。

④ 管理（　　　）が行きとどく。

⑤ 太い管（　　　）を通す。

⑥ 衣類（　　　）をかたづける。

読んでおぼえよう！

●…読み方が新しい漢字

教97ページ	教97ページ
岩 ガン いわ	右 ウ みぎ

教科書 下96～97ページ

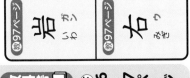
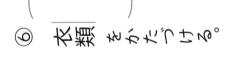

↓つぎのページにつづくよ！

2 あてはまる漢字を書きましょう。

70点(1つ10)

① 海の向こうに□□（たいりく）のかげが見える。

② □□□□（すいどうかん）の工事が終わった。

③ かべの中の□（たく）に、電線が通っています。

④ □□（がけ）が落ちてこないように、気をつけて。

⑤ 明日の運動会で着る□□（いふく）を用意しておく。

⑥ □□□（たいぐう）については、何の不満もない。

⑦ 救急車が、□□（つぎ）の角を□□（せつ）した。

風船でうちゅうへ （1）

時間 15分　ごうかく80点　／100　答え 120ページ
月　日

✏️ 書いておぼえよう！

□数101ページ
完 カン　上にはねる
完成 完全 完勝 完走
7画 完完完完完完完

□数101ページ
験 ケン　はねる
経験 体験 実験 試験
18画 験験験験験験験験験験験験験験験験験験

□数102ページ
別 ベツ・わかれる　出ない
別で使う 友と別れる
7画 別別別別別別別

□数106ページ
残 ザン・のこる・のこす　上にはねる
残念 残暑 心に残る
10画 残残残残残残残残残残

□数109ページ
希 キ　出る
希望 希少
7画 希希希希希希希

1 読みがなを書きましょう。

28点（一つ4）

① 新聞が完成する。

② 経験を積む。

③ 別の人と会う。

④ 友人の別れの言葉。

⑤ 残念な結果。

⑥ 心に残る。

⑦ 希望をもつ。

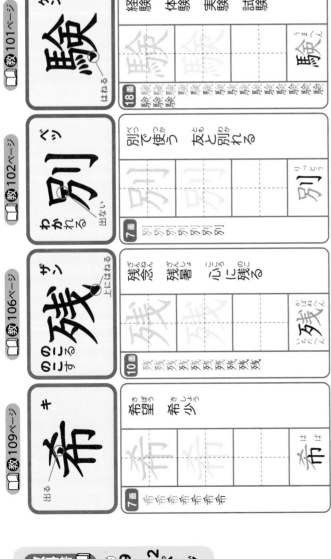

↓うらのページにつづくよ！

②　あてはまる漢字を書きましょう。　72点(1つ9)

① けがが〔かんぜん〕に治った。

② 理科の〔じっけん〕をノートにまとめる。

③ 中学生の兄は、〔しけん〕に向けて勉強中だ。

④ ひようをオススメに〔すいせん〕する。

⑤ 帰り道で友達と〔わか〕れる。

⑥ 美しい景色を写真に〔のこ〕す。

⑦ 買い物した後の〔ざんきん〕を数える。

⑧ 姉は努力して〔きぼう〕していた仕事についた。

ヒント ②　⑥「のこす」⑦「ざん」の十画目の点をわすれないようにしましょう。

書いておぼえよう！

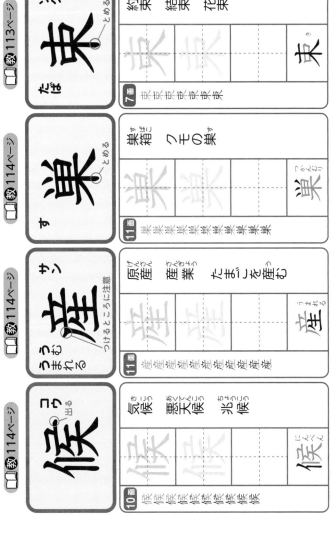

努 ド つとめる（教109ページ）
7画
努力　完成に努める

束 ソク たば たばねる（教113ページ）
7画
約束　結束　花束

巣 ソウ す（教114ページ）
11画
巣箱　クモの巣

産 サン うむ うまれる つけるところに注意（教114ページ）
11画
原産　産業　たまごを産む

候 コウ（教114ページ）
10画
気候　悪天候　兆候

読んでおぼえよう！

● …読み方が新しい漢字

鳥 チョウ とり（教114ページ）

1 読みがなを書きましょう。
20点(一つ4)

① 努力 が実る。
（　　）

② 花束 をわたす。
（　　）

③ クモの巣 をよける。
（　　）

④ たまごを 産む。
（　　）

⑤ 天候 の良い日が続く。
（　　）

→つぎのページにつづくよ

❷ あてはまる漢字を書きましょう。

80点(1つ10)

① よりいっそう、学業に［つと］めようと思います。

② ［やくそく］は守ることに意味がある。

③ 絵画の売買に、お札が［たば］で用意された。

④ 休日に、［やちょう］の観察_{さつ}をする。

⑤ 庭の木にかける［すばこ］を作った。

⑥ 母犬が［しゅっさん］する様子を見守る。

⑦ 赤_{せき}道の近くでたまごを［う］む魚がいるらしい。

⑧ 山の［てんき］は、急に変わることがある。

ヒント ❷ ①「つとめる」は部首が「力（ちから）」の漢字です。

✍ 書いておぼえよう！

サツ 察 はねる	観察	考察	察する	察知	察り
	14画				

トク 特 上り長く	特別	特定	特色	特に	
	10画				

チョウ 兆 はらう	一兆円	兆候	前兆		
	6画				

オク 億 長く	億万長者	一億人			
	15画				

キョウ 鏡 上にはねる かがみ	天体望遠鏡	鏡台	手鏡		
	19画				

😊 読んでおぼえよう！

●…読み方が新しい漢字　＝…送りがな

教116ページ
自　シ
ジ
みずから

① 読みがなを書きましょう。
20点(一つ4)

① あり を 観察 する。

② 特別 な意味をもつ。

③ 一兆円 の価値がある。

④ 億万 長者 になる。

⑤ 天体望遠鏡 で見る。

❷ あてはまる漢字を書きましょう。

① あり の生活について <ruby>□□<rt>りかい</rt></ruby> した文章を読む。

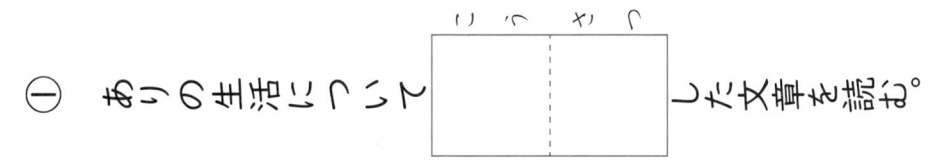

② <ruby>□□<rt>とくべつ</rt></ruby> な料理をごちそうしてもらう。

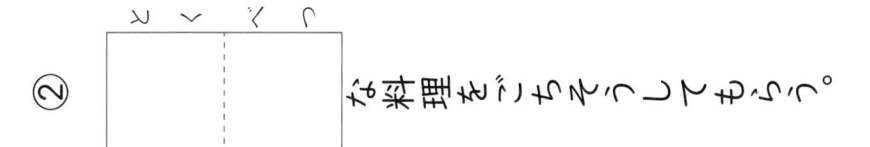

③ 質問は <ruby>□<rt>とく</rt></ruby> にありません。

④ <ruby>□<rt>みずか</rt></ruby> ら進んで人を助ける。

⑤ かぜの <ruby>□□<rt>ぜんちょう</rt></ruby> が体にあらわれる。

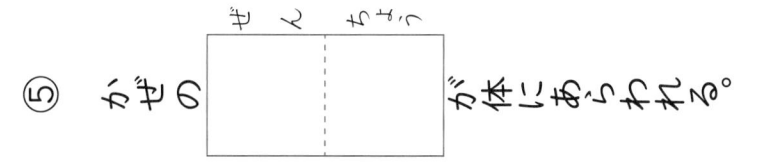

⑥ 数 <ruby>□□<rt>おくえん</rt></ruby> 以上の価値があるといわれている絵画。

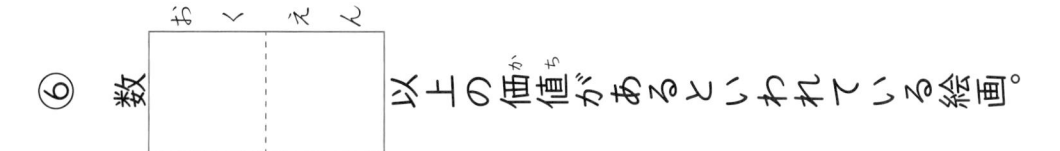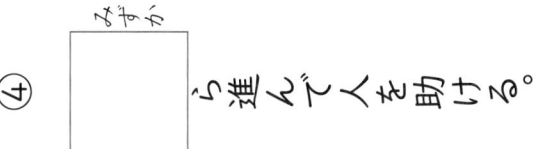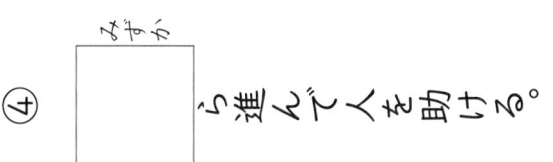

⑦ 一月の <ruby>□□<rt>かがみびら</rt></ruby> きが楽しみだ。

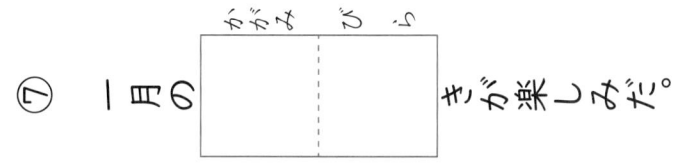

⑧ <ruby>□□<rt>てかがみ</rt></ruby> て身だしなみをチェックする。

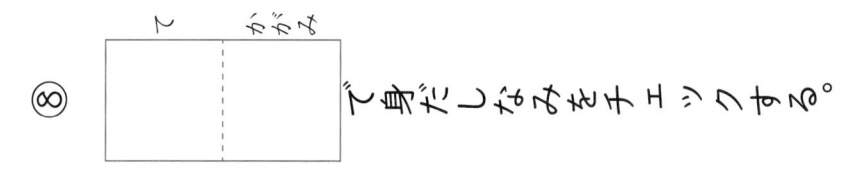

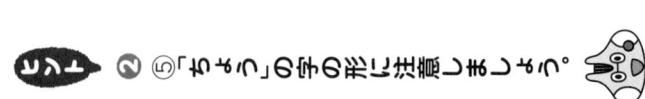
ヒント ❷ ⑤「ちょう」の字の形に注意しましょう。

ローマ字のほそく

時間 15分	ごうかく80点	/100	答え120ページ

サワッとこたえあわせ

月　日

書いて覚えよう！

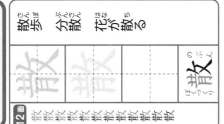

サン
ちる・ちらす・ちらかる・ちらかす
はねる
教129ページ
12画
散歩　分散　花が散る

ミン
たみ
おれてはねる
教129ページ
5画
民宿　市民　民話　公民館

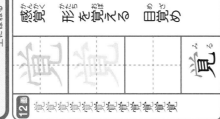

カク
さめる・さます・おぼえる
上にはねる
教130ページ
12画
感覚　形を覚える　目覚め

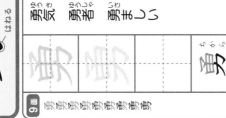

ユウ
いさむ
はねる
教131ページ
9画
勇気　勇者　勇ましい

ショウ
わらう・えむ
はらう
教131ページ
10画
大声で笑う　大笑いする

読んで覚えよう！

●…読み方が新しい漢字　＝…送りがな

教127ページ　白　しら　はく　しろ　しろい

1 読みがなを書きましょう。
20点(一つ4)

① 部屋が散らかる。（　　　）

② 民族について考える。（　　　）

③ 早く目が覚めた。（　　　）

④ 勇ましいすがた。（　　　）

⑤ おじいさんが笑う。（　　　）

つぎのページにつづくよ！

❷ あてはまる漢字を書きましょう。　80点(1つ10)

① ［さんぽ］をしているときに、友達に出会う。

② 雨がふった後、いろいろな花が［ち］いた。

③ ［しみん］の意見に耳をかたむける。

④ 湖に［はくちょう］がいる。

⑤ 犬は、においの［かんかく］がとてもするどい。

⑥ ［ゆうき］をもって発言してほしい。

⑦ ［い］ましい声が会場にひびく。

⑧ 赤ちゃんがむじゃきに［わら］っている。

一月から三月に習った
漢字と言葉

⓵ 漢字の読みがなを書きましょう。

16点(1つ2)

① ぼくらに (　　　) 共 うものはない。

② (　　　) 木刀 をふるう。

③ 目が (　　　) 覚 めるような出来事。

④ 友達に (　　　) 伝言 をたのむ。

⑤ (　　　) 低 い声でつぶやく。

⑥ (　　　) 自 ら進んで行う。

⑦ 思わず (　　　) 笑 ってしまった。

⑧ (　　　) 億万 長者として有名だ。

⓶ あてはまる漢字を書きましょう。

24点(1つ3)

① [とう　ひょう] で決める。

② [き　しょう] な石をもらう。

③ [す　ばこ] を作る。

④ 天体 [ぼう　えん　きょう]

⑤ 花が [ち] っていく。

⑥ [ど　りょく] をおしまない。

⑦ [すい　どう　かん] の工事。

⑧ 山には [だん　せつ] がある。

3 次の□にきょう通してあてはまる漢字を書きましょう。
24点(1つ3)

① □有・□感・□通 　□

② 出□・生□・□地 　□

③ 観□・□考・□知 　□

④ 市□・□話・□族 　□

⑤ □続・□休・関□ 　□

⑥ □治・□全・未□ 　□

⑦ 大□・□地・□着 　□

⑧ 前□・□子・□候 　□

4 次の漢字の総画数を、漢数字で書き、おおまかな意味を表す部分の名前（部首名）を□□□から選んで記号で書きましょう。
12点(完答1つ3)

① 願（　　画・　　）　② 底（　　画・　　）

③ 低（　　画・　　）　④ 敗（　　画・　　）

┌───┐
│ ア おおがい　イ のぶん　ウ にくづく　エ みず　オ まだれ │
└───┘

5 上の字と下の字を組み合わせて、二字熟語を作りましょう。
順不同24点(1つ3)

（　　　　）（　　　　）（　　　　）（　　　　）

（　　　　）（　　　　）（　　　　）（　　　　）

上の字〔 約 老 周 実 特 勇 衣 気 〕

下の字〔 候 験 者 辺 大 服 列 束 〕

●ドリルやホームテストが終わった
ら答え合わせをしましょう。
●まちがっていたら、必ずもう一度
やり直しましょう。考え方も読み
直しましょう。

10 きほんのドリル 19~20ページ
1 ①いばらき ②とちぎ ③さいたま ④かながわ ⑤やまがた ⑥ぐんま
2 ①山形 ②茨城 ③栃木 ④埼玉 ⑤群馬 ⑥神奈川 ⑦人口

11 きほんのドリル 21~22ページ
1 ①にいがた ②とやま ③とみ ④ふくい ⑤やまなし
2 ①新潟 ②潟 ③富 ④富山 ⑤福井 ⑥井戸 ⑦山梨

12 きほんのドリル 23~24ページ
1 ①ぶんりょう ②りょう ③はか ④ぎふ ⑤しずおか ⑥ふくおか
2 ①大量 ②量 ③音量 ④岐阜 ⑤静岡 ⑥岡山 ⑦量

13 きほんのドリル 25~26ページ
1 ①つた ②あんないず ③せつめい ④しあい ⑤せんしゅ
2 ①伝記 ②後半 ③名案 ④小説・選 ⑤説・試 ⑥試食 ⑦選出 ⑧景色

14 きほんのドリル 27~28ページ
1 ①かんきゃくせき ②はた ③ゆうり ④しゅざい ⑤せきしょ ⑥かんけい ⑦かか
2 ①観光 ②国旗 ③旗 ④材木 ⑤利用 ⑥関心 ⑦機関車 ⑧関

15 きほんのドリル 29~30ページ
1 ①いじょう ②しぜん ③きせつ ④せつぶん ⑤ふし ⑥ぐん ⑦しくちょうそん
2 ①以上 ②四季 ③夏季 ④節分 ⑤節目 ⑥市長 ⑦農村 ⑧郡部

16 まとめのドリル 31~32ページ
1 ①しあい・かんせん ②かがわ・たばた ③だいりょう・もくざい ④ぐぜん・にいがた ⑤ぐんせい ⑥しょう ⑦とやま ⑧きちょうひん ⑨かんしん
2 ①要点 ②国旗 ③栃 ④必ず ⑤井 ⑥目的地 ⑦季節・景色 ⑧埼玉・茨城 ⑨岐阜・市町村

考え方
とくべつな読み方をする漢字は、一つ一つしっかりと身につけていきましょう。

17 きほんのドリル 33~34ページ
1 ①せんそう ②あらそ ③はいちゅう ④はん ⑤ほうちょう
2 ①作戦 ②争 ③給食 ④夕飯 ⑤昼飯 ⑥包 ⑦包丁 ⑧頭上

18 きほんのドリル 35~36ページ
1 ①ほうたい ②お ③お ④な ⑤ぐんか ⑥くうたい ⑦たいちょう
2 ①地帯 ②帯 ③泣 ④軍手 ⑤軍隊 ⑥出兵 ⑦兵 ⑧隊長

19 きほんのドリル 37~38ページ
1 ①しゃりん ②わ ③わ ④けんぜん ⑤けんこう ⑥おっと ⑦ふ
2 ①車輪 ②指輪 ③健全 ④健康 ⑤小康 ⑥夫人 ⑦夫 ⑧氏名

20 きほんのドリル 39~40ページ
1 ①しゅくじつ ②きんか ③えんじ ④きかん ⑤がっこうかん
2 ①台風 ②祝福 ③百貨店 ④育児 ⑤児童館 ⑥楽器 ⑦長官 ⑧祝

21 きほんのドリル 41~42ページ
1 ①りょうしゃく ②よ ③せいじ ④しょうちょうてき ⑤けば ⑥きょうつう

⑦ものう

2 ①良心 ②良 ③良書 ④徒歩 ⑤生徒会
⑥競争 ⑦昨日・草競馬

22. きほんのドリル　43〜44ページ

1 ①め ②はいえん ③ようやく ④ふろく
⑤せいしょ

2 ①発芽 ②梅 ③節約・工夫 ④付近・付
⑤清流 ⑥清 ⑦奈良 ⑧答案

23. きほんのドリル　45〜46ページ

1 ①しが ②おおさか ③とくしま
④かがわ ⑤かお

2 ①大阪 ②徳島 ③香川 ④道徳 ⑤鳥取
⑥香 ⑦徳用 ⑧香

24. きほんのドリル　47〜48ページ

1 ①えひめ ②さが ③ねが ④ながさき
⑤みやざき

2 ①愛媛 ②佐賀 ③滋賀 ④祝賀 ⑤佐
⑥長崎 ⑦宮崎

25. きほんのドリル　49〜50ページ

1 ①くまもと ②かごしま ③おきなわ
④しか ⑤おおいた

2 ①熊本 ②白熊 ③大分 ④鹿 ⑤鹿児島
⑥沖縄 ⑦沖 ⑧縄

26. きほんのドリル　51〜52ページ

1 ①あつ ②ねっしん ③はたら
④えいよう ⑤み

2 ①熱意 ②熱・手伝 ③秋分・冬 ④働
⑤実働 ⑥栄 ⑦養 ⑧満月

27. まとめのドリル　53〜54ページ

1 ①なら・うめ ②さが・おおさか
③ふろ・えひめ ④しゅうぶん・まんげつ
⑤ようぶん ⑥せいと ⑦ながさき
⑧おおいた ⑨てつだ

2 ①百貨店・働い ②健康 ③滋賀・児童
④芽 ⑤沖縄 ⑥年賀 ⑦一輪車
⑧祝日・約 ⑨良い

考え方
季節や行事に関わる漢字は、生活の中で
おぼえていくといいでしょう。

28. 夏休みのホームテスト(1)　55〜56ページ

1 ①ともだち ②そくたつ ③こんちゅう
④ねったい ⑤くんれん ⑥つた
⑦しゅよう ⑧はたら

2 ①良 ②愛用 ③試合 ④静 ⑤祝
⑥生徒 ⑦清 ⑧初日

3 ①ウ ②ウ ③カ ④キ ⑤オ ⑥エ
⑦ア ⑧イ

4 ①着席 ②南北 ③戦争 ④健康

5 ①辞 ②案 ③村 ④説

考え方
5 三つとも熟語が作れないと答えが出ま
せん。言葉の数を増やしていきましょう。

おうちのかたへ
テストでは、一つ一つの字の形をはっき
りと書くようにがんばりましょう。

29. 夏休みのホームテスト(2)　57〜58ページ

1 ①ア ねつ　イ あつ
②ア いん　イ しるし
③ア せん　イ えら
④ア えい　イ さか

2 ①感 ②官 ③関 ④観 ⑤青 ⑥成
⑦清 ⑧静

3 ①関わる ②必ず ③試みる ④争う
⑤働く ⑥包む

4 ①宮城 ②茨城 ③神奈川 ④富山
⑤岐阜 ⑥滋賀 ⑦大阪 ⑧奈良 ⑨鳥取
⑩愛媛 ⑪大分 ⑫鹿児島

5 ①六 ②七 ③七 ④六 ⑤三 ⑥四

6 ①約 ②例 ③信 ④伝

考え方
5 部首の画数は、書きながら数えていきま
しょう。

57. 学年末のホームテスト　113～114ページ

2
① 投票
② 希少
③ 巣箱
④ 望遠鏡
⑤ 感覚
⑥ 散歩
⑦ 勇気
⑧ 笑

1
⑴ うな
⑵ おへん
⑶ みな
⑷ こな
⑸ ほへい
⑹ みずか
⑺ でし
⑻ へん
　ち　みぞ　さ　さい　わら

56. きほんドリル　111～112ページ

2
① ほうえん
② 鏡別
③ 特別
④ 特
⑤ 自
⑥ 億
⑦ 開
⑧ 手鏡
　観察　考　円　鏡　前兆

1
⑴ … ⑵かん ⑶いいん ⑷おまへん ⑸おまへん
　前兆

55. きほんドリル　109～110ページ

2
① てんこう
② はん
③ ただは
④ なす
⑤ … ⑥ 努
⑦ 約
⑧ 束
　産　野鳥　巣箱　天候

54. きほんドリル　107～108ページ

2
① かんせん
② のこ
③ … ④ べつ
⑤ わか
⑥ 残金
⑦ … ⑧ …
　区別　別　希望　実験　試験

53. きほんドリル　105～106ページ

2
① ちりく
② へいたい
③ … ④ へいい
⑤ 衣服
⑥ 大陸
⑦ 折
⑧ …
　若石　水道管　食住

52. きほんドリル　103～104ページ

2
① しはい
② ひょう
③ … ④ ほ
⑤ 川底
⑥ 底面
⑦ 開票
⑧ …
　失敗　老人　底

51. きほんドリル　101～102ページ

1
⑴ … ⑵ … ⑶ … ⑷ … ⑸ …

⭐3
① 連
② 完
③ 努力
④ 察
⑤ 散
⑥ 共産
⑦ 水道管
⑧ 残雪
　民

⭐4
⑴ 十九
⑵ 陸
⑶ 十
⑷ … ⑸ … ⑹ …
　ア　イ　ウ　エ　オ
　老犬　勇者　大

⭐5
　約束・特別
　勇者・老犬
　衣服・周辺
　気候・実験
　③ 十九　④ … エ　イ　オ

考え方
⑤ できたら、
　ただし、
　意味を調べ
　てみましょ
　う。

　特別　約束　勇者
　老犬　衣服　周辺
　気候　実験